Berthe

au grand pied

*© 2014, Société d'édition Les Belles Lettres,
95, boulevard Raspail, 75006 Paris.
www.lesbelleslettres.com*

ISBN : 978-2-251-44518-2

Berthe

au grand pied

Rémi Usseil

Les Belles Lettres

Avertissement au lecteur

Ni étude biographique, ni même à proprement parler roman historique, ce qui va vous être conté dans ces pages n'est pas la vie de Berthe au grand pied, mais sa légende.

Notre Moyen Âge a tissé, pour en vêtir certains personnages, de vastes manteaux de mythes, de récits héroïques et fabuleux. Le plus fameux de ces personnages est sans nul doute le roi Arthur, autour duquel tournent les innombrables romans de la Table ronde. Bien qu'Arthur ait pu être à l'origine un personnage historique, le cycle littéraire dont il est le centre lui donne une physionomie bien différente de celle du chef de guerre assez obscur qu'il fut peut-être : l'Arthur des romans de la matière de Bretagne est un prestigieux souverain ; ses chevaliers de la Table ronde évoluent dans un monde plein de merveilleux où ils errent en quête d'aventure, de l'amour d'une belle, ou du Saint-Graal.

À la même époque, Charlemagne fut l'objet d'un phénomène de mythification très semblable. Autour de lui s'est constitué un imposant cycle d'épopées et de légendes, que l'on regroupe sous l'expression « matière de France » et qui permettrait d'écrire, si l'on voulait, une histoire mythique de l'empereur, presque aussi éloignée de sa vie réelle que l'est l'Arthur littéraire de son possible prototype historique.

Dans ces récits, Charlemagne prend des allures de titan. Doué d'une force prodigieuse que n'émousse pas son âge vénérable, vivant dans le commerce des anges et accomplissant les plus stupéfiants miracles, l'empereur à la barbe fleurie, entouré de héros tels que son neveu Roland, le sage Olivier, Ogier le Danois, le vieux duc Naimes, l'enchanteur Basin, Aymeri de Narbonne ou Guillaume d'Orange, guerroie sans relâche contre les hordes éternellement renouvelées des « Sarrasins », ennemis qui ne sont pas vraiment des musulmans, mais les adeptes d'une religion polythéiste de fantaisie, partagée par les Scandinaves, les Saxons et les Espagnols, les peuples de l'Afrique, de l'Orient et de l'Inde.

Les épopées prenant pour sujet Charlemagne, sa famille, ses preux et quelques autres personnages, sont appelées chansons de geste. Chansons, car elles étaient déclamées avec un accompagnement musical. De geste, au féminin, est pris dans son acceptation ancienne ayant à la fois le sens de « haut fait » et de « lignage ». Or, c'est précisément là ce dont parlent nos récits.

La seule de ces œuvres qui, aujourd'hui, soit relativement connue du grand public est la *Chanson de Roland*. D'une certaine manière, elle le mérite, car elle est à la fois la plus ancienne de nos épopées et, sans conteste, l'une des plus admirables. Mais elle n'en reste pas moins l'arbre qui cache la forêt, et même si la ramure de cet arbre est majestueuse, il est triste, pour l'amoureux de cette sylve littéraire que je suis, de constater que presque personne n'en passe l'orée, faute de savoir qu'elle recèle en son sein beaucoup d'autres beautés.

J'ai donc voulu lever un coin du voile sur l'une de ces légendes injustement méconnues : celle qui porte sur la mère de Charlemagne, cette Berthe que les récits médiévaux surnomment « au grand pied ». De cette histoire, très populaire au Moyen Âge, il existe de nombreuses versions. Soulignons-le encore une fois : toutes n'ont que de très lointains rapports avec la réalité historique. Que l'on ne s'étonne donc pas, par exemple, d'y voir Berthe présentée comme la fille du roi d'une Hongrie qui, à l'époque supposée du récit, n'existait pas encore !

Des différents textes qui renferment cette légende, nous devons le plus célèbre au ménestrel Adenet le Roi, prestigieux poète de cour du XIIIe siècle dont la *Berte as grans piés* fut la première chanson de geste de langue d'oïl à jouir d'une édition moderne, par le pionnier Paulin Paris, en 1832.

Je n'ai pas entrepris ici une traduction de l'œuvre d'Adenet, mais une adaptation libre ou une « belle infidèle ». Tout en puisant mon inspiration dans plusieurs textes médiévaux, j'ai procédé comme le faisaient les trouvères eux-mêmes : en composant ma propre version, en m'accordant la liberté de broder, d'ajouter un détail ici, d'en modifier un autre là, de faire mon choix là où mes sources divergeaient, d'orner le tout à ma guise.

En outre, je me suis permis, pour colorer mon récit, de teinter mon langage d'un peu d'archaïsme, d'employer quelques tournures désuètes et de ressusciter quelques beaux mots anciens. J'ai suivi en cela l'exemple du *Tristan et Iseut* de Joseph Bédier : sans nul doute, une partie de la séduction qu'exerce sur ses lecteurs ce merveilleux poème en prose vient de cette langue couleur du temps que s'est forgée l'auteur. Mais pour m'assurer que les termes vieillis dont j'ai usé ne représentent une gêne pour personne, je les ai rassemblés dans un glossaire, qui suit le texte.

Surtout, j'ai voulu rester fidèle à l'esprit de mes sources. Je n'ai pas outrepassé les droits que s'accordaient, en réécrivant telle ou telle de nos épopées, les poètes médiévaux eux-mêmes, qui conciliaient, en un équilibre subtil, liberté créatrice et respect de la tradition. Du reste, mon intention n'étant pas de masquer mes sources, ni de leur faire de l'ombre, je les ai indiquées dans une bibliographie que vous trouverez en fin de volume.

À présent, il est temps pour l'auteur de ces lignes de se taire, car le narrateur dont la voix s'élèvera dans les pages suivantes n'est pas moi. C'est un homme du Moyen Âge, peut-être un écrivain du XIIIe ou du XIVe siècle, œuvrant dans l'entourage de quelque prince, qui s'efforce, en « translatant », comme on dit alors, une chanson de geste en chantefable ou en prosimètre, de lui rendre un nouveau lustre.

Je vous laisse en sa compagnie.

I

Le mariage du roi Pépin

Que Jésus-Christ, qui mourut pour nos péchés sur le bois de la Croix, vous bénisse tous, vous qui lirez ce livre ou qui l'écouterez lire ; qu'Il vous garde d'enfer et vous conduise au salut, parmi les saintes fleurs de paradis !

Sans doute, vous avez maintes fois entendu ménestrels et jongleurs chanter de Roncevaux et de Roland, de Guillaume d'Orange et de Raynouard au Tinel, d'Ogier le Danois et des nobles exploits du preux Charlemagne. Mais c'est d'une autre histoire que j'ai décidé de vous entretenir : celle de Berthe au grand pied, l'excellente dame dont le fils accomplit tant de hauts faits.

Les mauvais jongleurs l'ont mise en oubli : la plupart d'entre eux n'en connaissent rien, et ceux qui la chantent le font à tort et à travers, mélangeant et embrouillant tout. C'est grand dommage, car cette histoire est si belle et recèle tant de beaux exemples de noblesse, de foi et de vertu, que chacun pourrait tirer plaisir et profit de l'ouïr.

C'est pourquoi je me suis mis en peine de la mettre par écrit, à l'aide des précieuses annales qui se trouvent en l'abbaye de Saint-Denis, où les doctes moines consignent, depuis des temps immémoriaux, tous les faits dignes de remembrance qui adviennent au royaume de France. Que celui qui mettra ma parole en doute aille donc les y consulter !

Jadis régnait sur la France le roi Pépin, fils de Charles Martel. On le surnommait Pépin le Bref, en raison de sa petite taille : il ne mesurait pas plus de cinq pieds de haut, à ce que rapportent les chroniques. Mais excepté cela, il n'y avait rien à reprendre en lui, car il était bon chevalier, plein de prouesse et de belle mine, et souverain puissant et respecté. À maintes reprises, il avait victorieusement défendu sa terre contre les païens : Huns et Vandales, Saxons et Maures.

Ce roi, n'ayant point d'épouse, se décida un jour à se marier, comme son rang l'exigeait. Il rassembla donc ses barons en la grand-salle de son palais de Paris et s'adressa à eux en ces termes :

« Beaux sires, j'ai décidé de prendre femme, afin de donner au royaume de France un héritier qui le maintiendra et le protégera après ma mort. Vous êtes mes hommes liges et mes amis ; vous me devez loyauté, assistance et conseil. Aussi donnez-moi vos avis : où trouverai-je une demoiselle digne de mon rang, de bonne naissance, belle, courtoise et sage, avec la maison de laquelle il serait bon de m'allier ? »

Les barons se concertèrent longuement, avançant différents noms et les écartant les uns après les autres : ce n'était pas une mince affaire que de trouver une femme au roi de France ! Or, parmi les grands vassaux du roi se trouvait le duc Amaury de Bourgogne, chevalier plein de prouesse et de surcroît sage prudhomme, dont on écoutait volontiers les avis.

« Sire, proposa-t-il, je crois connaître une pucelle qui vous plairait fort : c'est Berthe, la fille du roi Floire de Hongrie. Sa beauté est renommée dans toute la chrétienté ; elle est bien apprise, instruite et parlant bien français, sage et accomplie en tout ce qui sied à une noble dame, et on la tient pour pieuse et de bonnes mœurs. Quant à son lignage, on n'en saurait trouver de plus excellent, que ce soit du côté paternel ou maternel. Son père est un puissant souverain, dont l'alliance vous sera précieuse.

– Que vous en semble, seigneurs ? » demanda Pépin aux autres hauts hommes.

Ceux-ci, au terme de leur délibération, se rangèrent tous à l'avis d'Amaury. Ainsi fut-il décidé d'envoyer une ambassade au roi Floire de Hongrie, pour lui demander la main de sa fille.

Ce fut une brillante troupe de grands seigneurs et de chevaliers, flanqués d'une nuée de varlets, de pages et de serviteurs, qui quitta en grand arroi la cour de France pour s'acquitter de cette mission : le duc de Bourgogne, qui connaissait bien la route, conduisait l'expédition.

Au terme d'un voyage qui ne mérite guère d'être relaté, les émissaires, parvenus à la ville de Bude, vinrent se présenter au roi Floire et à son épouse Blanchefleur, qui leur firent gracieux accueil en leur demeure. Tous deux parlaient fort bien français, car les princes de la chrétienté s'enorgueillissaient alors de leur maîtrise de notre belle langue. Lorsque les messagers eurent été bienveignés et, conformément aux règles de l'hospitalité, eurent pu se rafraîchir et se restaurer, Amaury, parlant au nom de tous, formula sa requête.

Floire et Blanchefleur en furent ravis : ils aimaient tendrement leur fille et n'eussent pas pu rêver pour elle de plus beau mariage, Pépin étant alors l'un des seigneurs les plus puissants de l'Occident, et fort renommé pour sa prouesse.

« Sire roi, dit Amaury, ne voudriez-vous pas faire venir votre fille en cette salle, afin que les barons de France présentent leurs respects à leur future reine ?

– Très volontiers, répondit Floire.

Et il fit mander la princesse, qui ne tarda guère à paraître. Si elle était belle, en vérité, il ne faut pas le demander. Jugez plutôt :

Parut la belle au teint de fleur.
Comment dépeindre la splendeur
De sa somptueuse vêture,
De sa mise et de sa parure ?
Sa robe était de samit clair
Et son manteau ourlé de vair.
Mais elle était plus belle encor.
Ses tresses blondes semblaient d'or
Et son front tout d'argent poli.
Son nez était droit et joli,
Sa bouche rouge et désirable.
Quant à son visage admirable,
Mêlant le blanc et le vermeil,
Il était certes sans pareil.
Ses yeux, bien fendus et riants,
Étaient plus clairs et plus brillants
Que ceux d'un épervier mué.
Son corps superbe et élancé
Était blanc comme fleur de lys.
Je crois que Dieu de paradis
Usa de son habileté
Pour lui donner tant de beauté.
Mais afin qu'elle ne fût pas
Trop terrible par ses appas,
Il lui donna un seul défaut,
Pour mieux garantir de l'assaut
D'Amour les gens passant près d'elle :
Le seul défaut de la pucelle
Était un pied un peu trop grand.
Mais de Bude jusques à Gand,
On n'eût pas pu trouver l'égale
De cette princesse royale.

Lorsque les émissaires découvrirent la grâce de la pucelle, un murmure d'admiration courut parmi eux. Mais ils furent plus émerveillés encore après s'être entretenus un moment avec la jeune fille, et avoir observé son maintien et ses manières. Berthe avait reçu une éducation soignée, s'entendait fort bien aux nobles manières de cour, et était duite en l'art de bellement deviser : ce n'était pas mal. De surcroît, elle était fraîche comme une rose à peine éclose, gaie comme un rossignol, douce et gentille envers tous, même envers les plus humbles : c'était mieux encore. Tout cela, les barons de France le virent bien, aussi furent-ils conquis autant par l'esprit de la pucelle que par sa gentillesse, et se félicitèrent-ils grandement du choix qu'ils avaient fait. Mais il y eut quelque chose que les ambassadeurs ne virent point, que nul, en fait, n'avait jamais vu : c'est que Berthe recelait des trésors de courage, de patience et de foi, dont elle-même ignorait l'existence, mais que les épreuves qui l'attendaient allaient révéler. Du reste, il en va bien souvent ainsi : la plupart des hommes vivent et meurent sans jamais savoir ce qu'ils ont vraiment dans le cœur.

Les messagers séjournèrent plusieurs jours dans la capitale de Hongrie, au milieu des banquets, des réjouissances et des échanges de politesses. Enfin vint le jour pour la princesse de quitter la maison paternelle. Faut-il s'étonner si elle en fut émue aux larmes ? Elle embrassa ses parents avec effusion, et l'on rapporte que les joues de sa mère étaient aussi humides que les siennes.

« Ma chère enfant, lui dit alors Blanchefleur, le moment est venu pour toi de partir loin de nous. Tu vas devenir une femme, une épouse et une mère. Et une reine. Je vais donc te faire des recommandations pour la dernière fois. N'oublie pas d'où tu es issue : ton lignage a toujours été sans tache. Sois en digne et comporte-toi toujours de manière à nous faire honneur. Sois vertueuse. Sois fidèle à ton époux. Fais montre de largesse et de courtoisie en toutes choses. Honore les prudhommes et les bons chevaliers ; protège les pauvres, l'Église et les serviteurs de Notre Seigneur ; aime et crains Dieu, et obéis à ses commandements.

– Je le ferai, répondit fermement Berthe. Par sainte Catherine, jamais je n'oublierai vos conseils, ma douce mère, et je m'emploierai toujours à les respecter. Vous n'entendrez pas dire que j'aurai démérité de vous.

– J'en suis bien certaine. Mais je sais aussi à quel point il te sera pénible, au début, de te trouver ôtée à ta famille pour être greffée au sein d'une autre, d'être loin de tout ce que tu as connu, dans un royaume étranger dont les coutumes sont différentes de celles de Hongrie. C'est pourquoi tu ne partiras pas seule. Je me suis entretenue avec Margiste : elle sera ravie de t'accompagner en France, ainsi que son cousin Tibert et la petite Aliste que tu aimes tant. Tous trois te sont fidèles : ils te serviront bien et veilleront sur toi. »

Entendant cela, Berthe battit des mains de joie.

« J'en suis si heureuse ! s'écria-t-elle. Ils me témoignent là grande bonté et grande amitié !

– Tu ne devras pas négliger de le leur guerredonner, poursuivit la reine. Aliste est maintenant en âge de se marier, tout comme toi : fais-lui épouser quelque baron de France. Tu sais ce qu'elle t'est et ce que tu lui dois.

– Comment pourrais-je l'oublier ? Je la marierai bien, à un prud'homme qui la fera haute femme et riche », répondit la jeune fille.

Cette Aliste était une enfant bâtarde, née d'une union d'un soir entre le roi Floire, qui, tout épris de sa femme qu'il fût, restait un homme de chair et avait les faiblesses de la chair, et une de ses serves, du nom de Margiste. La douce reine débonnaire avait su dompter son aigre amertume et pardonner aussi bien à son époux, qui l'aimait toujours et qu'elle chérissait, qu'à son amante, qui somme toute n'était point si blâmable d'avoir cédé à son roi : il lui eût fallu bien de l'audace pour le repousser.

La reine s'était même prise d'affection pour la fille issue de cet adultère, et Aliste avait été élevée à la cour avec les plus grands égards et presque comme la sœur germaine de Berthe. Les deux jeunes filles étaient proches par l'âge, et toutes deux se ressemblaient tant par le corps et le visage qu'on eût pu croire à deux bessonnes. Elles se portaient l'une à l'autre une grande tendresse, aussi ne fallait-il pas s'étonner que Berthe eût été transportée de joie en apprenant qu'elles ne seraient point dessevrées. Hélas, dame Fortune, l'inconstante et la traîtresse, lui préparait un tour bien cruel.

Ce fut par une belle matinée que la princesse quitta en grand équipage la cour de Hongrie, entourée d'égards par les barons de France. Floire et Blanchefleur, montant deux haquenées, accompagnèrent leur fille un moment avec quelques-uns des hauts hommes de leur cour, chevauchant auprès de la riche litière que la jeune fille partageait avec sa chère Aliste. Enfin, après d'ultimes adieux, ils rebroussèrent chemin et regagnèrent leur cité, un peu tristes et fort mélancoliques, tandis que se poursuivait le périple de leur enfant.

Berthe et son escorte traversèrent la Germanie sans encombre, passèrent en France et finirent par arriver à proximité de Paris. Amaury de Bourgogne chargea alors deux chevaliers de partir au-devant de la troupe afin d'aller annoncer au roi Pépin l'arrivée de sa promise.

Le souverain, entendant les messagers lui vanter les perfections de la jeune fille, en fut charmé, comme bien on s'en doute. Il fit pavoiser les rues de la ville pour recevoir Berthe comme il convenait : les façades des maisons furent encourtinées de somptueuses tapisseries de soie, de paile et de cendal, et lorsque le cortège de la princesse se présenta sous les murs de Paris, toutes les cloches de la ville sonnèrent joyeusement à la volée pour l'accueillir. Les pucelles de la cité se répandirent par les prés pour y danser des caroles au son des fifres et des flageolets, tandis que les bourgeois, se massant par les rues pour regarder passer leur future

Arrivée de Louis II d'Anjou à Paris, miniature, xve siècle, extraite des *Chroniques de Froissart*, Paris, Bibliothèque nationale de France, ms. Fr. 2645, fol. 321v.

Charles IV le Bel accueillant Isabelle de France, miniature, XVᵉ siècle, extraite des *Chroniques* de Froissart, Paris, Bibliothèque nationale de France, ms. Fr. 2643, fol. 1.

Entrée d'Isabeau de Bavière à Paris, miniature, XVᵉ siècle, extraite des *Chroniques* de Froissart, Paris, Bibliothèque nationale de France, ms. Fr. 2646, fol. 6.

reine, l'acclamaient aux cris de « Noël ! Noël ! ». Pépin lui-même s'empressa d'assembler la fleur de sa mesnie et, enfourchant un beau destrier bai, se porta en noble arroi à la rencontre de sa fiancée.

Rejoignant l'escorte, Pépin, après avoir salué ses barons, se dirigea tout droit vers la litière de la princesse. Berthe, le cœur battant, en écarta la tenture d'écarlate pour mieux voir son futur époux, lui permettant ainsi de la voir également.

« Belle amie, dit-il avec la courtoisie qui lui était coutumière, que Dieu vous sauve ! Soyez la très bienvenue en ce royaume : je dépose mon cœur à vos pieds.

– Grand merci, sire, répondit la pucelle en rosissant. »

Adonc le roi, faisant marcher son cheval à l'amble auprès de la litière, accompagna la jeune fille jusqu'à son palais en devisant gaiement avec elle, se félicitant en son for intérieur du bonheur qui lui était échu : on rapporte en effet qu'il était de tempérament ardent, aimant le plaisir et prisant fort la beauté des femmes, mais quoi d'étonnant à cela de la part d'un homme en son printemps, vigoureux et gaillard ? Quant à Berthe, si la jeune fille se montra aussi réservée et pudique qu'il seyait à une princesse, on croit que son promis ne lui déplut nullement.

À quoi bon allonger mon récit ? Berthe fut gracieusement bienveignée par toute la cour et des chambres lui furent données, pour elle et pour sa suite. Aliste, Margiste et Tibert l'entouraient de leurs soins, veillant à lui rendre la vie agréable. La princesse put tout à loisir se reposer des fatigues de son voyage, et quelques jours plus tard, le roi Pépin l'épousa à grand honneur en la cathédrale Notre-Dame, où elle fut couronnée reine de France au milieu des festivités et de la liesse les plus éclatantes.

Les épousailles du roi de France et de la belle princesse hongroise furent, comme bien on pense, l'occasion d'une grande joie pour toute la cour. Las, le Malin, qui jamais ne dort, tramait d'obscurs desseins. Se doutait-il qu'au sein de la maison de France devait naître le lieutenant de Dieu, qui lui serait un jour un adversaire redoutable ? Peut-être bien, car si le diable n'a pas pour apanage la connaissance de l'avenir, en revanche, il connaît le passé, et il est assez rusé pour deviner bien des choses. Du reste, il n'avait pas besoin de cela pour ourdir une perfidie : nous savons qu'il est toujours à l'affût d'un mauvais coup.

À l'insu de tous, il s'était insinué dans le cœur de Margiste et, durant le séjour qui avait précédé les noces, lui avait susurré :

« Ta fille est aussi belle que la princesse. Elle est fille de roi, elle aussi. Est-il juste qu'Aliste soit confinée dans l'ombre, alors que sa sœur devient reine de France ? Elles se ressemblent tant ! Si tu voulais, ne pourrais-tu... ? »

Margiste était une femme ambitieuse. Jadis, elle avait su séduire le roi Floire pour tirer avantage de son affection. Elle s'était laissé convaincre.

Puis, après les avoir sondés prudemment, elle s'était ouverte à demi-mot à Aliste et Tibert du plan que lui soufflait l'Ennemi. Tibert,

bien qu'un peu effrayé par les risques qu'il allait falloir prendre, s'était vite rendu à ce projet : quoiqu'il eût toujours été convenablement traité, à la cour de Hongrie comme à celle de France, son servage lui pesait, et les promesses de sa cousine avaient su l'allécher. Quant à Aliste, il est juste de dire qu'elle avait un peu renâclé, car Berthe lui avait toujours témoigné autant d'affection qu'à une sœur germaine. Mais l'idée de se voir reine de France, tournant la tête de la jeune fille, avait fini par étouffer en elle les protestations de la gratitude et de la tendresse. Ainsi s'étaient-ils tous trois mis d'accord pour exécuter les noirs projets de Margiste.

Après la cérémonie de mariage, quand les époux et leur mesnie furent revenus au palais, la serve, qui avait préparé le lit de la chambre nuptiale, prit Berthe à part, en compagnie d'Aliste, pour lui tenir le discours suivant :

« Ma chère dame, il faut absolument que je vous mette en garde ! J'ai parlé aux serviteurs de la cour, et ils m'ont raconté sur le roi Pépin quelque chose qui m'a presque jetée hors de sens : c'est un secret qu'on a pris grand soin de vous cacher, mais j'ai surpris une conversation, si bien que force leur fut de tout me dire. Le roi a en tous points l'air d'un prudhomme courtois et aimable, mais il dissimule une affreuse tare, une sorte de folie : lorsqu'il est au lit avec une femme pour la besogne de chair, il devient si brutal et si violent qu'il n'a plus égard à rien. Il la mord, la frappe, la broie et la déchire, tant et si bien qu'il en a tué ou mutilé plusieurs.

– Dieu ! s'écria Berthe en blêmissant. Est-ce possible ?

– Hélas, mon enfant ! Moi non plus, je ne voulais pas le croire, mais ce n'est que trop vrai. Les serviteurs français s'en inquiétaient quand je les ai surpris : je les ai entendus dire que c'était grand dommage qu'une tendre pucelle telle que vous fût en péril de mort. Certes, cela semble incroyable, mais je ne vous le répéterais pas si je n'en étais pas absolument certaine. Vous savez bien que je ne vous mentirais pas !

– Certes non, répondit la reine, qui avait toute confiance en Margiste. Mais hélas, que puis-je faire ? Je ne peux pas me soustraire à mon époux. Si son accès de folie le prend durant notre nuit de noces, je suis perdue !

– Non pas, ma douce sœur, je ne le permettrai pas ! s'écria Aliste avec rouerie. Vos parents vous ont confiée à nous, et j'en mourrais de chagrin si quelque chose vous arrivait. Comment pourrais-je alors paraître devant notre père ? Mais il y a un moyen de vous sauver : cette nuit, quand l'évêque aura béni le lit, c'est moi qui irai m'y coucher, et je vous remplacerai auprès du roi, tandis que vous dormirez dans la chambre de ma mère. »

Berthe resta un moment muette en entendant cette offre, la gorge serrée par l'émotion. Mais elle secoua la tête et finit par forcer sa bouche à articuler :

« Non. Je refuse. Je vous sais gré de votre bon vouloir, mais je ne vous sacrifierai pas à ma place, Aliste. Ce serait vilenie ! »

La reine prit une profonde inspiration et poursuivit avec plus d'assurance :

« Je ferai ce que je dois : Pépin m'a prise pour femme. Il est mien et je suis sienne. C'est moi qui passerai la nuit à ses côtés, et il adviendra de moi ce que Dieu voudra. Souvenez-vous de Job : il nous faut prendre en gré ce que Notre Seigneur nous envoie et L'en remercier, que ce soit bien ou mal. C'est ainsi que l'on surmonte les épreuves, ainsi que l'on fait son salut. »

Et bien que la peur instillée en elle par les paroles de Margiste fût grande, si forts étaient la foi et le courage de Berthe qu'ils parvinrent presque à balayer ses craintes. Mais la serve n'était pas à bout d'arguments :

« Ma dame, votre résolution vous fait honneur, mais je vous en supplie, songez à la tristesse qu'aurait votre mère si elle apprenait qu'il vous est arrivé malheur : elle en mourrait ! Et votre père : songez qu'il pourrait bien déclarer la guerre à la France pour vous venger ! Vous ne devez pas consentir à cela. Pépin est votre époux, c'est vrai, mais un époux doit chérir sa femme et non la maltraiter : c'est ce qu'il vous a juré devant l'autel. C'est lui qui manque à ses devoirs en vous exposant à ce péril. Quant aux barons de France, en vous laissant dans l'ignorance des mœurs du roi, ils se sont rendus coupables de félonie. Vous pouvez leur rendre la pareille sans vous mettre dans votre tort. Ce n'est pas de gaieté de cœur que nous avons résolu cela, mais si je dois perdre l'une de vous, je préfère que ce soit Aliste. Je ne vous aime pas moins qu'elle, et je vous dois plus qu'à elle.

— Mais je ne puis accepter si grière chose ! protesta Berthe en se tordant les mains. Si Aliste m'aime assez pour courir ce danger à ma place, ce serait trop laidement lui en rendre guerredon que de l'y exposer !

— Je le veux, ma reine. C'est notre souhait à toutes les deux. Ne me le refusez pas. Ne nous privez pas du bonheur de vous servir en votre besoin ! » s'écria Aliste avec une émotion feinte à la perfection.

Berthe était une jeune femme qui avait toutes les raisons d'espérer une belle et longue vie. En dépit de son courage, de sa fermeté d'âme, de son espérance même, elle craignait la mort. En fin de compte, après s'en être beaucoup défendue, elle finit par consentir à la substitution. Ce fut là son erreur : elle se fût épargné bien des peines en persévérant dans sa valeureuse résolution. À sa décharge pourtant, je dois dire que les deux traîtresses déployèrent des trésors d'éloquence pour convaincre la reine d'accepter le sacrifice de sa bien-aimée sœur : elle ne capitula que de guerre lasse.

L'évêque de Paris, à la vêprée, vint bénir le lit des époux dans la chambre nuptiale. Lorsqu'il se fut retiré avec sa suite, Aliste vint se glisser sous les draps, ne portant rien d'autre que sa chainse blanche. Mais à l'insu de Berthe, elle s'était pourvue d'un couteau aiguisé que lui avait procuré Tibert et qu'elle dissimula sous une courtepointe.

Le roi Pépin ne tarda plus guère à rejoindre, pour la nuit de noces, celle qu'il croyait être son épouse. Peut-être pensez-vous qu'il manqua en l'occurrence de perspicacité, mais les deux sœurs se ressemblaient énormément, et Pépin n'avait encore vu l'une comme l'autre que couvertes de leurs coiffes ornées d'orfroi, les joues cachées sous les guimpes de soie. Découvrant Aliste nu-tête pour la première fois, le souverain la confondit innocemment avec Berthe, et que vous dire de plus ? Il s'ensuivit ce qui devait s'ensuivre. Pendant le même temps, Berthe couchait dans la chambre de Margiste, où elle ne dormit guère, tourmentée qu'elle était d'inquiétude pour sa sœur : elle passa la nuit à prier de toute son âme pour la sauvegarde d'Aliste, qui n'en avait guère besoin. Mais Dieu ne laisse perdre aucune prière, et Il sait mieux que quiconque où faire pleuvoir ses grâces.

Le lendemain, au point du jour, Berthe se rendit à pas feutrés dans la chambre nuptiale, selon les instructions reçues de Margiste, pour découvrir ce qui était advenu de sa sœur et, si elle était indemne, reprendre sa place auprès du roi. Aliste, quant à elle, savait fort bien ce qui lui restait à faire : voyant la reine s'approcher, elle saisit soudain le couteau qu'elle avait apporté, se le planta dans la cuisse et poussa un cri perçant.

Pépin se réveilla en sursaut, arraché au sommeil par le hurlement de douleur. D'un geste vif, Aliste avait jà retrait la lame de sa chair et placé l'arme ensanglantée entre les mains de Berthe, qui ne comprenait rien à ce qui arrivait. La reine n'eut pas l'esprit de rejeter la lame loin d'elle et se contenta de l'observer d'un regard troublé, incapable de penser. C'est ainsi que le roi et les serviteurs accourus la découvrirent, couteau en main, auprès de sa sœur blessée qui poussait les hauts cris.

« Elle a voulu m'occire ! lança Aliste en désignant la reine, avec une horreur contrefaite.

– Qu'on s'empare d'elle ! ordonna le roi. Cette femme est devenue folle ! »

Berthe resta un moment figée, les yeux rivés sur la traîtresse, rassemblant péniblement ses pensers épars et discernant trop tard le piège. Lâchant enfin le couteau, elle ouvrit la bouche pour tenter de s'expliquer. C'est alors que Margiste, surgissant dans la pièce en affichant la plus grande consternation, se jeta sur elle par-derrière et la frappa à la tête, la renversant sur le sol jonché d'herbes odorantes. Comme Berthe cherchait à se redresser, la serve entreprit de la rouer de coups en vociférant :

« Ah, mauvaise garce ! Putain ! Fille dénaturée ! Comment avez-vous osé lever la main sur votre reine ? Je vous renonce pour ma fille !

– Assez ! dit sèchement Pépin. Méchante vieille, voulez-vous nous faire croire que vous n'êtes pour rien dans ce crime ?

– Hélas, sire, répondit Margiste avec des larmes dans les yeux, je vous jure par sainte Agnès que je n'y suis pour rien, que je ne l'ai jamais permis ! Je savais que ma fille jalousait la reine, mais comment eussé-je pu imaginer qu'elle projetait forfait si affreux ? Je l'aurais étranglée de mes mains si je l'avais su ! »

De nouveau, Berthe ouvrit la bouche pour tenter de parler, mais Tibert, entré dans la chambre pour s'y mêler aux serviteurs, ne lui en laissa pas le loisir : empoignant la reine sans ménagement, il lui plaqua sa large main sur la bouche, étouffant ses protestations.

« Cher seigneur, ne vous emportez pas contre Margiste, intervint Aliste. Elle a pris soin de moi depuis ma naissance, et m'a toujours été fidèle. Onques elle n'aurait prêté son accord à un tel acte. Mais Aliste, au rebours, m'a toujours enviée. Je ne l'aurais pas crue capable d'une telle félonie, mais me voir reine de France a dû lui faire perdre le sens.

– Ce qu'elle a fait est impardonnable, belle amie. Cette femme doit disparaître !

– J'en suis bien d'accord, dit Aliste, tout en s'efforçant d'étancher le flot de sang qui coulait de sa plaie. Je ne veux pas qu'elle reste ici une seconde de plus. Que Tibert l'emmène dans un endroit isolé et se débarrasse d'elle ! »

Cette décision n'était guère conforme au droit, mais Pépin était choqué et furieux.

« Soit ! déclara-t-il. Tibert, prenez trois sergents et emmenez-la. Faites en sorte que nul ne la voit plus jamais. »

Berthe tenta de se débattre avec l'énergie du désespoir, mais Tibert était un homme robuste. Il n'eut pas de mal à l'entraîner hors de la chambre. Pour ne laisser à la reine aucune chance de s'innocenter, il se fit apporter de quoi la bâillonner et lui lier les mains derrière le dos. Puis il ordonna aux serviteurs de seller cinq chevaux, pour lui, la captive et les trois sergents désignés pour l'accompagner, lesquels répondaient aux noms de Morin, Godefroy et Régnier.

Les quatre hommes firent monter l'infortunée reine sur l'une des bêtes, avant d'enfourcher les leurs. Comme ils s'apprêtaient à quitter la cour du palais, Margiste courut jusqu'à eux et les hucha de la sorte :

« Tibert, la reine m'envoie vous transmettre un dernier ordre : quand vous en aurez fini, ramenez le cœur de la traîtresse. Ma dame veut être sûre de sa mort.

– Comme il vous plaira. » répondit le serf.

Berthe tourna vers Margiste un visage horrifié. Les trois sergents échangèrent des regards ébahis en oyant cette barbare requête, et Morin marmonna dans sa barbe, à l'intention de Godefroy qui se tenait près de lui :

« Voilà une mère qui ne s'émeut guère de réclamer le cœur de son enfant. »

Godefroy opina du chef, mais de simples sergents ne pouvaient qu'obéir. Le groupe quitta le palais pour s'aller acquitter de sa triste mission.

Adonc Tibert, les trois sergents et leur malheureuse captive passèrent les portes de Paris. Laissant derrière eux les remparts de la ville et ses faubourgs, ils se mirent à cheminer par les champs et par les prés, interrompant leur périple, lorsque la nuit venait, dans des hôtelleries ou des fermes de rencontre. Ils allèrent tant et si bien qu'en peu de jours, ils atteignirent la forêt du Mans, laquelle en ce temps-là était vaste, touffue et profonde à merveille.

Ils s'y enfoncèrent, suivant des pistes de terre et des sentes étroites, jusqu'à ce que Berthe, qui était rompue de fatigue et à demi morte de peur, fût tout à fait désorientée. Du reste, elle ne cherchait guère à se retrouver dans les profondeurs sylvestres, se doutant bien que ses geôliers ne l'y avaient entraînée que pour l'exécuter loin des regards. Aussi se disposait-elle à affronter le trépas dignement, en reine et en chrétienne, faisant effort pour se remembrer de ses lectures des philosophes antiques et des Pères de l'Église. Les graves et sages paroles de Boèce, de Sénèque et de saint Augustin tournoyaient dans son esprit, mais si elles surent juguler sa panique, elles ne purent dissiper sa peur : Berthe était jeune, noble et belle, et voulait vivre.

Sur les desseins de ses gardiens, la malheureuse ne se trompait pas. Dans une petite clairière, Tibert arrêta son cheval et dit :

« Inutile d'aller plus loin, compagnons. Cet endroit conviendra bien à notre besogne. »

Les sergents acquiescèrent. Ayant mis pied à terre, les quatre hommes firent descendre la reine de sa monture, et le méchant serf s'avança vers elle en tirant son badelaire du fourreau.

« Écartez-vous d'elle, dit-il, je m'en vais lui trancher le chef d'un seul coup ! »

À ces mots, éperdue de terreur, Berthe se jeta à genoux, inclinant la tête vers le sol en signe de supplication. Elle ne pouvait parler, à cause du bâillon étroitement serré qui meurtrissait sa bouche, et que Tibert ne lui avait ôté, durant le voyage, que pour la faire manger et boire, non sans se tenir auprès d'elle, menaçant et le badelaire à la main. Mais ses beaux yeux, les larmes qui s'en déversaient et les regards implorants qu'elle lançait à ses gardiens furent plus éloquents que des paroles.

Il convient que je vous dise ici quelques mots du sergent Morin, car il doit jouer dans notre récit un rôle important. Il était né à Montmorency, d'un très haut lignage, quoique ruiné par trop de largesses et d'imprévoyance, et en avait hérité un caractère noble et courtois. Sa parentèle étant trop pauvre pour assumer le prix d'un adoubement, il était entré au service du roi Pépin dans l'espoir d'y gagner ses éperons de chevalier. Trucider une femme sans défense au fond d'un bois, comme un vulgaire larron, n'avait jamais fait partie de ses aspirations. Il flairait quelque chose de louche dans l'affaire, et la détresse de la captive, ainsi que sa beauté et sa tendre jeunesse, avaient su le toucher : il était en cet âge où les cœurs des damoiseaux sont les plus sensibles aux attraits des belles, et peut-être avait-il conçu en son for intérieur quelque amour pour la malheureuse. Voyant Tibert sur le point de la mettre à mort, il n'y tint plus et s'écria, tout en tirant le fauchon qui pendait à son côté :

« Arrêtez, Tibert ! Si vous la touchez, vous êtes un homme mort ! Enfin, mes amis, qu'est-ce que cela ? Sommes-nous des coupe-jarrets, pour occire ainsi une demoiselle à la dérobée, sans même savoir pourquoi ? Je m'y refuse ! Il vous faudra d'abord me passer sur le corps !

« Est-ce là comme vous obéissez aux ordres du roi ? gronda Tibert. Godefroy, Régnier, écharpez-moi ce traître ! »

Mais Godefroy et Régnier n'étaient pas de mauvais bougres, et de plus ils étaient les amis de Morin.

« Par Dieu, non ! se récrièrent-ils. Morin a raison : nous ne tuerons pas cette pucelle ! Ce serait grande vilenie et grand péché ! »

Comprenant que nul ne lui obéirait, Tibert, avec un cri de rage, tenta de se jeter sur Berthe, badelaire brandi. Mais les sergents, bondissant sur lui, le maîtrisèrent, lui arrachèrent son arme et le forcèrent à s'agenouiller. Tandis que Régnier et Godefroy le maintenaient fermement, Morin déliait la reine et la débarrassait de son bâillon.

« Jeune fille, lui dit-il, nous ne pouvons rien de plus pour vous. Fuyez-vous en vite, et réfugiez-vous là où on ne vous retrouvera pas !

— Merci, beau frère, lui répondit Berthe. Je n'oublierai jamais votre bonté. »

Sans un mot de plus, la jeune fille détala, vive comme une biche, et disparut dans les profondeurs du sous-bois. La peur lui donnait des ailes, et elle n'arrêta pas de courir avant d'avoir mis une bonne distance entre elle et Tibert.

Ce dernier, empourpré de rage, se releva en pestant lorsque les sergents le lâchèrent enfin.

« Ce que vous avez fait est stupide, Morin ! gronda-t-il. Vous nous avez tous mis dans un fameux pétrin, et tout cela pour rien, car cette petite garce n'ira pas loin : cette forêt grouille de loups et d'ours. Je gage qu'elle n'en sortira pas vivante !

— Que Dieu la garde ! répondit Morin en pâlissant.

— Et qui vous gardera, vous ? Dès que le roi apprendra cela, soyez sûr qu'il vous fera pendre tous les trois !

— Et peut-être bien qu'il vous fera pendre avec nous : votre prédicament n'est guère meilleur que le nôtre. Mais ce qui est fait est fait. Voici ce que nous ferons : arrêtons-nous dans une ferme sur notre chemin, achetons-y un tout jeune cochon de lait, et prenons-en le cœur. Nous le présenterons à Margiste en lui disant que c'est celui de sa fille. Elle n'y verra que du feu, et nous serons ainsi tous tirés d'affaire. »

Tibert ouvrit une large gueule, comme pour aboyer des injures, mais il dut se rendre aux arguments de Morin : la vengeance du roi pouvait fort bien tomber sur lui aussi, et il savait que Margiste ne l'en protègerait pas. Il assentit au subterfuge.

Les quatre hommes quittèrent donc la forêt du Mans et reprirent la route de Paris. En chemin, ils firent halte dans une ferme et se procurèrent le cœur d'un cochon, comme ils l'avaient décidé. Enfin, ils atteignirent la bonne ville et se présentèrent aux portes du palais royal. Margiste, apprenant leur arrivée, alla bien vite les accueillir dans la cour et leur demanda :

« Vous êtes-vous acquittés de la mission que le roi vous avait confiée ?

– Nous avons suivi scrupuleusement nos ordres, ma cousine, lui répondit Tibert. En voici la preuve. »

Et ce disant, il lui tendit la pièce d'étoffe dans laquelle était enroulé, tout sanglant, le cœur de l'animal. Découvrant le sinistre trophée, Margiste eut un sourire de joie cruelle, persuadée qu'elle était que plus rien ne pourrait menacer la position de sa fille. Cependant, elle se trompait fort, car si Notre Seigneur, qui voit tout, peut être secourable aux justes, Il sait aussi être terrible aux méchants. Mais il convient maintenant que je laisse là ces deux traîtres, pour m'en retourner auprès de la noble reine Berthe.

II
Les errances de Berthe

*La royne Blanche comme lis
Qui chantoit a voix de seraine,
Berte au grant pié, Bietris, Alis,
Haremburgis qui tint le Maine,
Et Jehanne la bonne Lorraine
Qu'Englois brulerent a Rouan ;
Ou sont ilz, ou, Vierge souvraine ?
Mais ou sont les neiges d'antan ?*

(*Ballade des dames du temps jadis*,
François Villon)

La reine Berthe se trouvait donc seule et perdue dans les profondeurs de la forêt du Mans. En fuyant loin de Tibert à travers les buissons et les fourrés, elle s'était déchiré la peau en maints endroits aux épines et aux branches : les habits qu'elle portait, la chainse légère dont elle était vêtue au matin de la nuit de noces et un malheureux manteau dont Morin l'avait enveloppée par sollicitude, ne la protégeaient guère. Quant à ses pieds, les minces chaussons de soie qui les couvraient n'empêchaient pas les racines et les pierres de les meurtrir : ils furent bientôt en sang. Alors la jeune fille se laissa tomber à genoux sur le sol et se mit à se lamenter amèrement sur son sort :

33

Las, chétive, quelle détresse !
Mère, si tu pouvais me voir,
Ton cœur se fendrait de tristesse !
Hélas, j'ai perdu tout espoir
De pouvoir me coucher le soir
Auprès du roi Pépin de France,
Comme le voudrait mon devoir :
Je suis seule et dans l'indigence.

Jadis, nourrie avec tendresse
Par un père de grand pouvoir,
Pendant mon aimable jeunesse,
J'ai logé dans un beau manoir,
Mangé dans maint riche drageoir,
Connu joie et insouciance,
Porté des pelisses de loir,
Vécu dans la munificence.

Dame Fortune, la traîtresse,
M'a préparé un sort bien noir :
Moi qui croyais être une altesse,
Elle a bien su me décevoir !
Elle m'a fait épouser l'hoir
D'un royaume pour mieux, je pense,
Me faire de très haut déchoir,
M'accablant de mauvaise chance !

Pourrai-je jamais vous revoir,
Tendres gardiens de mon enfance,
Ou périrai-je sans avoir
Reçu secours ni assistance ?

Berthe resta un long moment immobile, écrasée de fatigue, de chagrin et de découragement. Ce fut l'air froid d'une morose journée d'octobre qui, l'arrachant à sa prostration, la força à se remettre en chemin. La jeune fille, ignorant la douleur, marcha droit devant elle, écartant les fougères et les feuillages qui lui barraient le passage pour se frayer un chemin dans le sous-bois. Elle ignorait complètement dans quelle direction elle allait, et eût été bien en peine de dire si elle retournait vers l'orée du bois ou s'y enfonçait plus profondément. Mais l'idée qu'à moins de revenir sur ses pas, elle finirait bien par arriver quelque part la soutenait et lui donnait la force de poursuivre. Marcher réchauffait son corps, l'empêchait de s'appesantir sur sa détresse et ranimait les réserves de force et d'énergie qui sommeillaient en elle. Cela eut également pour effet de raviver la colère qu'elle ressentait à l'égard de ceux qui l'avaient trahie, et elle se mit à pester à chaque pas :

> *Margiste, méchante mégère !*
> *Que tu m'as laidement trahie !*
> *Ne t'ai-je donc traitée en mère*
> *Que pour une telle infamie ?*
> *N'étais-je donc pas ton amie,*
> *Cruelle et ingrate Margiste ?*
> *Tu voulais m'arracher la vie :*
> *Tu le paieras, si Dieu m'assiste !*

> *Et toi, ma sœur, male vipère,*
> *Je vois enfin ta perfidie !*
> *Las ! Je t'aimais d'un cœur sincère,*
> *Mais toi, tu me portais envie !*
> *La ruse que tu as ourdie*
> *Me donne bien lieu d'être triste,*
> *Mais tu en seras bien punie,*
> *Si nul ne retrouve ma piste !*

Et toi, Tibert, affreux sicaire,
Je sais que tu ne m'aimais mie,
Quand, cruel comme un janissaire,
Tu levas ta lame fourbie
Sur ma tête, par félonie !
Homme cupide et égoïste,
Il se peut qu'on te supplicie,
Pourvu qu'à la mort je résiste !

Traîtres, par vous je suis bannie !
Aurai-je un loup pour aubergiste ?
Mais votre ignoble vilenie
Sera punie à l'improviste !

Tout en exhalant sa rancœur de la sorte, la reine avançait toujours dans la même direction. Elle finit par arriver face à un large cours d'eau qui lui coupa le chemin. Berthe ne pouvait savoir qu'elle avait atteint la Sarthe, qui courait à travers la forêt du Mans. Scrutant les ondes vives, elle n'aperçut ni pont ni gué, et il n'était pas question pour elle de traverser à la nage une rivière large et profonde. Il lui fallut donc renoncer à poursuivre tout droit. Mais dès lors, quelle direction choisir ? Où qu'elle tournât son regard, elle ne voyait que des arbres, et la nuit tombait. Comme les premières étoiles s'allumaient au firmament, le hurlement d'un loup, venu des lointaines profondeurs sylvestres, déchira le silence.

La noble dame sentit un frisson lui parcourir l'échine. Si mourir exécutée par un reître n'était pas une perspective plaisante, finir dans le ventre des bêtes sauvages ne l'était pas davantage. De surcroît, les forces de Berthe commençaient à l'abandonner. Le sous-bois s'assombrissait inellement, et la malheureuse ne savait où porter ses pas. Il lui fallut se résoudre à chercher un abri où passer la nuit, susceptible de la protéger du vent glacé qui commençait à souffler entre les troncs.

Enfin, elle ne put trouver mieux qu'un trou moussu, sans doute creusé à travers la flore par le passage de quelque bête, et dans lequel elle se recroquevilla, entre quelques buissons et arbrisseaux dont les branches s'entremêlaient au-dessus d'elle. Après avoir disposé à terre un tapis de fougères pour lui servir de couche, elle se drapa dans son manteau râpé et déchiré, et tâcha de se reposer. Le ciel fut bientôt d'un noir d'encre, piqueté d'étoiles brillantes, et Berthe, tout en les contemplant, laissa son esprit voguer sans contrainte sur la mer de ses souvenirs, de ses espoirs et de ses craintes. Alors, pour la première fois depuis sa capture, elle se sentit heureuse d'être en vie.

Échapper à ses geôliers, après avoir vécu pendant plusieurs jours dans la certitude de périr, lui procurait un immense soulagement : en dépit de toute sa fermeté d'âme, de toute sa foi, de toute sa constance dans l'adversité, de toute la somme de sagesse, de leçons pieuses et de philosophie qu'elle avait appelée à son secours pour trouver le courage de bien mourir, elle avait été tenaillée par une peur affreuse, et il lui semblait qu'un étau cessait enfin de lui broyer le cœur. Aussi ses pensers se tournèrent-ils vers Notre Seigneur et, pleine de reconnaissance, lui adressa-t-elle une oraison fervente :

Seigneur Jésus, votre enfant vous rend grâce !
Du noir trépas, vous m'avez délivrée :
Tibert le serf ayant trouvé l'audace,
Contre sa reine, de lever son épée,
J'ai vraiment cru la camarde arrivée.
Manifestant votre mansuétude,
Vous mîtes terme à mon inquiétude
Et me sauvâtes d'une bien triste fin.
Recevez donc toute ma gratitude,
Bien que mon cœur soit indigne et mesquin.

Lorsque Vous m'eûtes ôtée à la menace
Pesant sur moi, j'ai été entraînée
Par les élans d'une âme noire et basse,
Et j'ai omis, marchant sous la ramée,
De vous offrir une simple pensée.
Me découvrant en cette solitude,
L'esprit dolent et plein de lassitude,
J'ai laissé cours à la peine, au chagrin,
À la colère, amère turpitude,
Comme j'errais bien loin du droit chemin.

Que ma fureur abandonne la place
À la louange, par vous tant méritée !
Que ma prière vole vers votre Face,
Jusques à Vous, dans le ciel empyrée !
Que tous les chœurs de la sainte assemblée
Vous la répètent avec exactitude !
Que des doux anges la belle multitude
Vous glorifie du matin au matin !
Même la mort et la décrépitude,
Venant de Vous, sont un présent divin !

Dorénavant, je mettrai mon étude
À vous payer votre sollicitude.
Mais je suis faible, comparée au Malin :
Afin que je sois vertueuse et prude,
Accordez-moi un cœur adamantin !

Ainsi l'infortunée louait-elle le Seigneur de toute son âme, toute à la joie d'avoir échappé au péril qui la menaçait, et le remerciait-elle du bien comme du mal, en vraie chrétienne, s'abandonnant à son Créateur et se soumettant avec confiance à sa volonté.

Réfugiée dans l'abri précaire que lui offraient, contre le froid vif et mordant, les branchages qui l'entouraient, Berthe ne put, une fois ses oraisons faites, trouver le sommeil. Le sol qui lui tenait lieu de couche était dur et inconfortable malgré les fougères qu'elle y avait disposées, et les bruits de la forêt la tenaient en éveil : la pauvre ne savait pas différencier le frémissement des buissons au passage du lapereau de celui que provoquent le loup ou le renard, et le hululement de la chouette effraie lui semblait menaçant et hostile.

La jeune fille était cependant bien proche d'un danger plus réel, car il faut vous dire qu'en la forêt du Mans, comme en bien d'autres, faisaient leur gîte, outre les bêtes à poils et à plumes, de ces malandrins sans foi ni loi qui sont le plus grand péril auquel s'expose le voyageur solitaire. Or, deux de ces larrons longeaient justement la Sarthe pour regagner leur repaire après avoir passé la journée auprès des grands chemins, guettant les marchands pour les détrousser, suivant leur coutume. J'ignore quels pouvaient être les noms de baptême de ces mauvais sujets, mais au sein de la confrérie dans laquelle ils exerçaient leurs talents, on les connaissait sous les sobriquets de Torchepinte et Cassetrogne, surnoms qui renseignaient assez sur leurs mœurs et sur leur métier.

Passant non loin du fourré où s'était pelotonnée Berthe, les deux gredins y distinguèrent la tache blanche que formait la chainse de la pucelle et ils s'approchèrent, leur curiosité piquée. Quelle ne fut pas leur surprise en découvrant entre les arbres une belle fille aux cheveux d'or, qui les observait avec des yeux apeurés, se doutant bien qu'ils n'étaient point d'honnêtes gens.

« Par exemple, s'écria Cassetrogne, nous ne rentrerons pas chez nous tout à fait bredouilles ! Nous n'avons peut-être pas trouvé de pigeons à plumer, mais voici une caille qui est fort à mon goût ! N'est-elle pas jolie et gironde à plaisir ?

– Certes, compère, c'est le diable qui l'a mise sur notre chemin : il faudra penser à en remercier messire le Cornu ! renchérit Torchepinte avec un sourire égrillard. On ne trouve pas souvent dans ces bois semblables friandises ! »

Et ce disant, le brigand écarta de sa grosse main brune les branchages derrière lesquels s'était retirée la reine.

Les vilaines faces des bandits, leurs barbes et chevelures hirsutes, leur allure grossière et les armes qu'ils portaient ne laissaient guère de place au doute quant à leur profession, tandis que leurs rictus et leurs regards torves ne laissaient guère de doute quant à leurs intentions. Se trouvant seule, désarmée et impuissante face aux deux robustes brutes, et sachant qu'elle ne pouvait leur échapper, avec ses pieds écorchés, dans une forêt qu'ils connaissaient mieux qu'elle, la jeune femme s'en remit au seul protecteur capable de la secourir et s'écria :

Ô Seigneur tout-puissant que j'aime et que j'adore,
Vous qui prîtes naissance sous notre propre forme
Pour sauver vos enfants d'une fin noire et orde,
Je sais que vous veillez sur ceux qui vous honorent.
Ainsi, quand sainte Agnès, vierge courtoise et noble,
Fut mise au lupanar sans chemise ni robe,
Vous lui fîtes pousser ses cheveux blonds, de sorte
Qu'elle fut à l'abri des requêtes ignobles.
Quand le juge Priscus voulut prendre de force
La très sainte Euphémie, fille pure et dévote,
Vous lui permîtes de résister comme un homme,

De repousser sa main, la blesser et la tordre.
Et quand Daria fut, par les païens de Rome,
Livrée à la débauche, un lion, fauve énorme,
Vint pour l'en garantir contre toutes personnes.
Aussi vrai que je crois à tout cela, j'implore
Que Vous ne permettiez pas que l'on me viole :
J'aimerais beaucoup mieux la mort la plus atroce !
Ayez de moi pitié ! Seigneur, miséricorde !

Les deux pendards, tout à la perspective d'assouvir leur concupiscence, ne prêtèrent aucune attention à l'oraison de la jeune fille. Mais Dieu, qui entend et voit tout, fut sensible à cette prière et il y répondit d'une manière fort simple, à laquelle Il recourt de temps à autre : en frappant ceux qu'Il voulait perdre d'un coup de folie.

« Je prends la mignotte le premier ! claironna Cassetrogne. Elle sera à toi dès que j'aurai fini.

– Pas question ! protesta Torchepinte. Ce tendron a tout l'air d'être pucelle, et je veux l'avoir le premier ! Tu t'arranges toujours pour me souffler la meilleure part du butin, alors que j'en fais trois fois plus que toi.

– Comment, maudit soiffard ? Toi qui passes la moitié de ton temps à cuver ton vin, tu prétends en faire plus que moi ? Si je n'étais pas là pour penser, tu serais mort de faim depuis longtemps, ou tu te balancerais au bout d'une corde !

– Tu crois que j'ai besoin d'un paresseux, d'un glouton, d'un pautonnier dans ton genre ? Tu n'es bon qu'à te vautrer comme un sanglier dans sa bauge ! Que tu le veuilles ou non, la fille est à moi !

– Culvert ! C'est ce que nous allons voir ! »

Adonc, tout échauffés de rage, les deux brigands tirèrent leurs badelaires et se précipitèrent l'un contre l'autre, chacun bien décidé à occire son comparse. Tandis qu'ils se mettaient à ferrailler âprement, Berthe tourna les talons et s'enfuit en courant à travers bois. Elle détalait encore parmi les arbres, indifférente aux branches qui la giflaient au passage, bien après que les cris furieux des larrons et le cliquetis de leurs armes eurent cessé d'atteindre ses oreilles. Quant à Torchepinte et Cassetrogne, les anciennes chroniques ne rapportent plus rien à leur sujet. Il est bien possible qu'ils se soient entretués, et que leurs restes aient fait les délices des bêtes de la forêt.

Quant à Berthe, elle persévéra dans sa course aveugle jusqu'à ce qu'elle s'effondrât au pied d'un frêne. Cette fois, elle ne fit pas l'effort de chercher un abri propice. Du reste, elle ne voyait désormais pas plus loin que le bout de son nez et avait manqué plusieurs fois de choir et de se rompre les os dans l'obscurité : elle se contenta donc de se couvrir de son mieux à l'aide de son manteau et, après s'être recommandée à Dieu, elle s'endormit comme une souche, tant elle était à bout de force.

Il était peut-être aux alentours de l'heure des laudes lorsqu'elle se réveilla, transie de froid. La nuit qui enveloppait la forêt était plus sombre que jamais : des nuages s'étaient massés, dissimulant les étoiles. Mais la malheureuse dame, en dépit de son cruel prédicament, se sentait quelque peu rassérénée. Par deux fois, elle s'était trouvée en la dernière extrémité du péril, et par deux fois, elle en était sortie indemne, ou à peu près : elle devinait au-dessus de sa tête la main protectrice de son Créateur, et cette idée l'emplissait de courage et de confiance. S'adossant au tronc de l'arbre près duquel elle s'était laissé tomber, la reine de France ferma les yeux. En son for intérieur germait la résolution de faire quelque chose pour remercier Dieu, de lui vouer quelque chose, en signe d'amour et de gratitude. Après avoir mûrement réfléchi, elle prononça d'une voix basse, mais claire et distincte :

Seigneur Jésus, Vous êtes mort pour nous.
Il est donc juste que l'on accueille bien
Maux et souffrance en souvenir de Vous.
S'il Vous plaît que je reste sans soutien,
C'est votre droit : je ne me plains de rien.
De mes malheurs, mon Sauveur, je Vous loue.
Et plus encore, je promets et je voue
De ne point faire savoir ma royauté,
Même si l'on m'offense et me bafoue,
Fors pour l'honneur de ma virginité.

Après avoir prononcé ce vœu solennel, la reine ne tarda guère à dodeliner de la tête. Elle se rendormit jusqu'au matin, et ce furent les rayons du soleil, en traversant les frondaisons, qui vinrent la tirer du sommeil.

La forêt, de jour, prenait un aspect différent et beaucoup moins inquiétant que celui qu'elle offrait aux regards durant la nuit. Berthe, cependant, savait qu'elle n'était nullement tirée d'affaire. Une rencontre avec quelque truand ou quelque bête affamée restait possible et, ces dangers mis à part, la reine souffrait de la faim et du froid. Elle n'avait rien mangé depuis longtemps et voyait commencer l'une de ces fraîches journées d'automne où l'on n'aime guère à flâner dehors. Le ciel était gris, et de sombres nuages s'y amoncelaient.

La dame se leva et s'étira pour chasser la torpeur de son corps glacé et engourdi. Elle dit ses prières matinales, puis se mit en marche, d'un pas d'abord chancelant, qui se fit plus assuré au bout de quelques minutes. Avançant toujours droit devant elle, sans savoir ce qui l'attendait au-delà du rideau d'arbres qui l'entourait en obstruant sa vision, elle marcha longtemps, avec une ferme et tranquille résolution. Combien de temps ? Elle n'aurait su le dire. C'est alors qu'il se mit à pleuvoir, d'une petite pluie fine, froide et prolongée.

Ignorant cette contrariété, la reine poursuivit inlassablement son chemin, à travers fourrés et futaies. Elle finit par découvrir une source d'eau claire où s'abreuver. Mais l'onde était froide comme glace et dès la première gorgée, Berthe sentit ce froid gagner son corps. Pour une jeune femme habituée à porter des manteaux de fourrure de martre, de vair et de petit-gris, et à se chauffer auprès du bon feu d'une large cheminée, il s'agissait là d'un douloureux supplice. La vaillante dame n'en continua pas moins de marcher, mais ce faisant, elle adressa au ciel une oraison fervente :

Ô Seigneur plein d'amour, de force et de droiture,
Vous qui prîtes naissance en une vierge pure
Pour guérir vos enfants de l'immonde souillure,
Je sais que Vous veillez sur les bons et les justes.
Aux noces de Cana, où, convive, Vous fûtes,
Vous fîtes du bon vin, en divin thaumaturge,
Car toutes les réserves se trouvaient déjà bues.
Quand, fuyant Pharaon, la nation élue
Se rendit au désert, par grâce, Vous voulûtes
La repaître de manne, du firmament venue.
Quand saint Paul s'en alla en une solitude
Pour prier à loisir à l'abri du tumulte,
Vous lui fîtes fournir du pain pour nourriture
Par un corbeau gentil, malgré ses noires plumes.
Aussi vrai que je crois cela, je Vous conjure
De ne point me laisser, de faim et de froidure,
Périr en cette sylve à la morne ramure :
Menez-moi où je puisse trouver quelque repue
Et pour mon corps transi un quelconque refuge.

Ayant achevé cette supplique, la jeune fille poursuivit sa marche d'un bon pas. Sa progression parmi les fougères, les buissons, les arbustes serrés aux branches entrelacées n'était pas toujours aisée, loin de là, aussi lui fut-ce un soulagement que d'enfin parvenir à un sentier dégagé. Elle le suivit, encouragée par l'idée qu'il finirait bien par la conduire quelque part.

Ce fut le cas : moins d'une heure après avoir rejoint l'étroit chemin de terre, elle distingua devant elle, entre les troncs, une modeste masure faite de rondins, se dressant au milieu d'une petite clairière que traversait un ruisseau et entourée d'un jardinet où croissaient simples et racines. La demeure, surmontée d'une croix de bois, avait tout l'air d'un ermitage, et la reine s'en approcha, non sans méfiance, car après tout, rien ne prouvait que le logis ne fût pas celui de quelque brigand.

À la porte était suspendu un maillet, dont la dame se servit pour frapper. Aussitôt l'hôte du lieu ouvrit un judas ménagé dans l'huis, et Berthe découvrit le visage parcheminé d'un personnage chenu, aux sourcils broussailleux et à la barbe épaisse. Il avait cependant la mine d'un brave homme, et Berthe l'estima tel. Certes, il ne faut pas toujours juger les gens sur l'apparence, mais en l'occurrence, la dame ne se trompait pas, car le vieillard était bel et bien un saint homme d'ermite, retiré au plus profond de la forêt pour s'y consacrer tout entier à la prière et à l'ascèse.

« Que Dieu vous sauve, frère, lui dit la reine. Telle que vous me voyez, je suis une pauvre vagabonde, sans soutien et démunie de tout. Je me suis égarée en cette forêt, et j'ai bien cru y périr de faim et de froid. Pour l'amour du ciel, je vous supplie de me laisser entrer en votre demeure pour me réchauffer, et de me donner, si vous pouvez, quelque chose à manger. »

Le prudhomme se signa, stupéfait qu'il était de voir une jeune fille d'une exquise beauté et de manières courtoises frapper à sa porte : il n'y était guère accoutumé. Se remembrant des tentations et fantômeries dont le Malin avait assailli saint Antoine, le pauvre ermite, combien qu'il ne se jugeât pas l'égal du saint ou digne des attentions particulières de Satan, s'effraya quelque peu et se recommanda à son Sauveur. La jeune fille n'ayant pas l'air disposée à se volatiliser, il lui répondit :

« Chère sœur, je ne puis vous laisser entrer : il est écrit dans les règles de mon ordre que nous ne devons en aucun cas accueillir de femmes en nos demeures. Allez chercher asile ailleurs, car pour ma part, je ne puis vous l'accorder.

– Ah, saint homme, implora Berthe, ayez pitié d'une malheureuse enfant de Dieu ! J'ai longuement marché et je ne sais où trouver refuge. Je suis à bout de force, la pluie me glace les os et j'ai grand faim. Je vais mourir devant votre huis, si vous ne me secourez pas. »

L'ermite était homme de bien et avait l'âme pleine de charité, bien qu'il ne possédât lui-même presque rien. Aussi la prière de Berthe lui poignit-elle le cœur. Il lui proposa donc avec douceur :

« Chère enfant, il ne m'est pas permis de vous ouvrir, mais vous pouvez rester sur le pas de la porte, le temps de vous reposer : au moins mon auvent vous protégera-t-il de la pluie. Je vais vous apporter à manger : ce ne sera qu'une bien modeste provende, mais je n'ai pas moi-même d'autre pitance à mes repas. »

Joignant le geste à la parole, le prudhomme offrit à Berthe une miche d'un pain noir et grossier, dont la pâte était pleine de paille : il n'en avait pas de meilleur. La reine était accoutumée à des mets plus délicats, mais la faim est le meilleur des assaisonnements : affamée comme elle l'était, elle eut tôt fait d'engloutir le pain, assise à même le sol contre le bois de la porte. Cela lui rendit quelques forces, et elle attendit patiemment jusqu'à ce que la pluie eût cessé de tomber.

« Sœur, lui dit alors l'ermite, je ne peux vous héberger, mais je sais un endroit où vous aurez bon accueil : c'est en la demeure d'un honnête voyer qui a nom Simon et de Constance, sa femme. Tous deux sont bons chrétiens et fort hospitaliers, et vous pouvez atteindre leur maison avant la tombée de la nuit.

– Je suis bien heureuse de l'entendre, dit Berthe, car je craindrais de ne pas survivre à une nuit de plus passée dans le sous-bois. Mais comment dois-je m'y prendre pour me rendre chez eux ?

– Je vais vous indiquer le chemin, de sorte que vous ne puissiez pas vous tromper. »

L'ermite sortit de sa demeure et conduisit la reine jusqu'à l'entrée d'une sente étroite, qu'elle eût fort bien pu ne pas remarquer, à l'orée de la clairière.

« Suivez ce chemin, lui dit-il, et surtout n'en sortez pas, car vous seriez en grand danger de vous perdre. Si vous ne vous en écartez pas, vous finirez par le voir s'élargir : alors, vous ne serez plus loin de la maison de Simon.

– Merci, dit la jeune femme avec effusion. Merci pour tout, et que Dieu vous bénisse. »

Adonc, s'engageant sur le sentier, elle pénétra de nouveau sous le couvert des arbres.

Obéissant au conseil de l'ermite, Berthe suivit le sentier, prenant bien garde de ne jamais s'en écarter. Sa progression fut parfois malaisée, car le chemin était étroit, sans doute peu fréquenté et, en bien des endroits, les broussailles et les herbes folles avaient gagné sur lui, le rendant difficilement praticable. Cependant, y marcher était pour la reine une partie de plaisir, au regard de la peine qu'il lui avait fallu se donner auparavant pour se frayer un passage dans un sous-bois où nulle sente discernable n'apparaissait. Le pain avalé sur le pas de la porte du prudhomme lui avait rendu vigueur, et le fait de savoir où aller lui rendait courage. Aussi marchait-elle d'un pas alerte et presque allègre lorsqu'un nouveau péril se présenta sur sa route.

Ce fut d'abord une masse sombre dans les fourrés, à main senestre, qui attira son attention. La reine ne s'entendait guère à reconnaître les bêtes des bois, et si cette forme était restée immobile, elle eût pu la prendre pour un tronc ou un rocher moussu. Mais la chose bougeait, s'approchant du sentier en écartant les branchages. Bientôt, Berthe put la distinguer plus nettement.

La bête était grande et velue, son corps lourd et trapu, son museau court et comme écrasé, sa démarche nonchalante et presque pataude. Ses petits yeux noirs semblaient des baies de cassis. Pourtant, il émanait d'elle une impression de force presque tangible. Ses pattes épaisses et robustes se terminaient par des griffes imposantes, et sa gueule s'ornait de crocs menaçants. Sans se presser, elle avançait parmi les troncs et les buissons avec une aise qui démentait son apparente gaucherie. Berthe reconnut une ourse, comme elle avait pu en voir danser, exhibées par des jongleurs dans la grand-salle du palais de son père. Mais en l'occurrence, l'animal était sauvage, dangereux, et se proposait assurément de faire un bon repas.

La reine resta pétrifiée de surprise et de peur en découvrant ce danger. Sans doute n'était-ce pas plus mal, car un mouvement brusque eût pu hâter l'attaque de la redoutable bête. La jeune femme se savait démunie face à l'ourse. Alors, une fois de plus, elle s'en remit à la protection de Celui qui l'avait préservée jusque-là, et prononça d'une voix basse mais assurée :

Comment on doit chasser et prendre l'ours, Miniature, XVe siècle, extraite du *Livre de chasse* de Gaston Phébus, Paris, Bibliothèque nationale de France, ms. Fr. 616, fol. 93.

Ô Seigneur tout-puissant que j'adore et que j'aime,
Vous qui prîtes naissance de la Très Sainte Vierge
Pour sauver vos enfants de la mort éternelle,
Je sais que Vous veillez sur ceux qui Vous vénèrent.
Quand aux flots fut offert Jonas, votre prophète,
Et quand il fut gobé tout vif par la baleine,
Vous le fîtes par elle recracher sur la grève.
Et quand Daniel fut, par le tyran de Perse,
Jeté à des lions, les fauves l'épargnèrent.
Quand les païens de Rome pareillement traitèrent
La courtoise Euphémie, votre digne pucelle,
Les lions de leurs queues firent pour elle un siège,
Et loin de la tuer, ces fauves l'honorèrent.
Aussi vrai que je crois à ces hautes merveilles
Que relatent la Bible et bien des cantilènes,
En ce grave péril, apportez-moi votre aide,
Et ne permettez pas que cette affreuse bête
Me mange sans que j'aie pu aller à confesse !
Ayez pitié de moi, ô Souverain céleste !

Si cette prière fut ou non suivie d'effet, je vous laisse en juger :
l'ourse, parvenue au bord du sentier, s'immobilisa à trois pas de la jeune
femme dont plus rien ne la séparait. Berthe et la bête se tinrent un
moment face à face, s'observant sans esquisser le moindre geste, dans
le plus complet silence : la reine n'entendait guère que les battements
de son propre cœur qui s'affolait. Enfin, au bout d'un temps qui parut
à la malheureuse une éternité, l'animal se détourna lentement et, sans
plus prêter attention à celle qui eût pu lui servir de proie, s'éloigna dans
le sous-bois.

N'était-ce pas là un magnifique exemple de la puissance divine ? Berthe, en tout cas, n'en douta nullement, et tout en se remettant de ses émotions, s'appuyant à un tronc en attendant que la force revienne dans ses jambes qui menaçaient de se dérober sous elle, en son for intérieur, elle loua le Sauveur. Aucun mot d'oraison ne sortit cependant de ses lèvres, car sa langue lui semblait collée à son palais et, dans la crainte d'attirer quelque autre fauve, elle n'eût pu s'obliger pour rien au monde à articuler une seule parole.

Enfin, ayant retrouvé son calme et la maîtrise de ses jambes autant que faire se pouvait, la noble dame se remit en marche sur le sentier, d'un pas plus hâtif que jamais. Quelle ne fut pas la joie de Berthe lorsqu'elle constata que le chemin, comme le lui avait annoncé l'ermite, s'élargissait ! De surcroît, il lui arrivait désormais de croiser d'autres passages, qui s'enfonçaient dans le bois vers des directions différentes. Il était également moins envahi d'herbes et de plantes, et des traces de sabots prouvaient qu'il était emprunté, sinon par des cavaliers, du moins par des bûcherons ou des charbonniers pourvus d'ânes ou de mulets. Ce n'était pas grand-chose, mais il s'agissait là d'un signe de vie humaine, d'une vie rustique mais civilisée, différente de celle des ascètes ou des larrons sylvestres. Sans doute l'orée de la forêt n'était-elle plus très loin.

Enfin, la reine entendit, se rapprochant et comme venant à sa rencontre, le pas d'un cheval. Quelques instants plus tard, à un détour du chemin, elle se trouva nez à nez avec un homme monté sur un roussin.

Voyant la jeune femme, le cavalier tira sur les rênes de son roussin, l'immobilisant. L'homme était d'assez belle mine. Il pouvait avoir la quarantaine, et le collier de barbe brune entourant son visage était mêlé de fils d'argent. Il portait un bonnet où était piquée une plume de faisan et un surcot vert de bonne coupe. Il avait ceint en bandoulière un petit cor de chasse, et à sa ceinture pendait une courte épée, mais il était d'abord engageant et Berthe fut rassurée par son aspect.

« Eh bien, damoiselle, lui demanda-t-il d'un ton avenant, que faites-vous seulette en ces bois ? Je n'ai guère l'habitude d'y rencontrer de jeunes personnes sans escorte, et ce n'est point trop sûr, car cette forêt abrite, hélas, son lot de mauvaises gens.

– Aussi n'ai-je qu'une hâte, répondit Berthe, c'est de la quitter, car je m'y suis égarée en cherchant mon chemin. Je me rends chez Simon le voyer. Savez-vous si sa demeure est encore loin ?

– C'est à lui-même que vous parlez, et ma maison est bien proche d'ici. Je m'acquitte de ma charge, en surveillant les chemins pour le compte de mon seigneur le roi. Mais pourquoi me cherchez-vous, demoiselle ? Car je ne crois pas vous connaître. »

Berthe poussa un profond soupir de soulagement. Puis elle entreprit de raconter une histoire qu'elle avait imaginée, afin de couvrir, par un pieux mensonge, sa réelle identité.

« C'est un saint ermite qui m'a adressée à vous, dit-elle, en m'affirmant que vous étiez fort homme de bien, et de mœurs hospitalières. Or, sachez que j'ai grand besoin d'aide et d'un asile, car telle que vous me voyez, je suis une pauvre malheureuse, sans nul soutien en ce bas monde.

« Je suis native d'Alsace et fille d'un vavasseur du nom de Clément. Ma mère est morte durant ma prime jeunesse sans avoir d'autre enfant que moi, et mon père a ensuite repris femme. Hélas, nous avons perdu tout notre avoir et avons été chassés de nos terres par un seigneur de nos voisins, qui haïssait mon père. Nous en fûmes réduits à errer sur les routes et à mendier notre pain. Mais ma marâtre, qui ne m'aimait guère, prit coutume de me battre, de me houspiller soir et matin, et de m'ôter de la bouche la nourriture que de braves gens me donnaient par charité, ne me laissant presque rien à manger. Si bien que, craignant de mourir de faim et de mésaise, je résolus de m'enfuir et les quittai tous deux.

« Depuis, je cours les routes, cherchant de mon mieux ma subsistance. Mais hier, je me suis perdue dans cette forêt et j'ai bien cru y périr. Heureusement, Notre Seigneur, dans sa Miséricorde, m'a conduite au bon ermite, qui m'a envoyée à vous, en m'assurant que vous m'aideriez. »

L'ascète savait bien ce qu'il faisait en indiquant à Berthe le chemin de la maison de Simon, car il connaissait le voyer, qui venait parfois le visiter et lui porter quelques victuailles, pour un excellent homme de bonne vie, ce qu'il était effectivement. Simon s'émut grandement du récit des méchefs de Berthe, car il avait le cœur tendre et charitable.

« Que Dieu vous bénisse, chère sœur, lui dit-il, vous êtes arrivée au bout de vos peines ! Je vous accueillerai moult volontiers en ma demeure. Ma femme Constance sera ravie de vous voir. Vous y mangerez à votre faim et vous pourrez vous y réchauffer, car je vous vois transie. Montez vite : je vais vous y conduire sans plus attendre.

– Grand merci, sire, en nom Dieu ! » répondit la reine éperdue de reconnaissance, tandis que le voyer s'empressait de l'aider à s'installer sur le col de son cheval.

Après quoi il tourna bride et ne tarda guère à rejoindre sa maison.

C'était une chaumière de belles dimensions, faite de pierres de taille et se dressant au milieu d'une clairière. Un enclos renfermant un jardin l'entourait, et un bâtiment de planches, à la fois grange et écurie, y était accolé.

Simon mit pied à terre et aida Berthe à en faire autant, avant d'attacher les rênes de son roussin à un poteau de sa clôture. Puis il alla ouvrir la porte et introduisit la reine dans la chaumière.

« Ma mie, appela-t-il, voyez ce que je vous amène : c'est une pauvre jeune fille que j'ai trouvée dans la forêt, à moitié morte de froid et de faim. Elle venait nous demander l'hospitalité. Préparez-lui vite quelque chose de chaud à manger, car elle en a grand besoin. »

La maîtresse de maison qui apparut aussitôt était une femme d'âge mûr, qui avait dû être ravissante en sa jeunesse et arborait encore des restes de beauté. Son élégante coiffe blanche encadrait un visage souriant et amical, et elle bienveigna chaleureusement Berthe.

« Ma pauvre enfant, lui dit-elle, c'est qu'il a plu bien fort aujourd'hui : ce n'est pas un temps à mettre un chien dehors. Je vous vois toute trempée ! Avant toute chose, il faut vous changer, ou vous attraperez mal. Suivez-moi donc. »

La bonne Constance emmena Berthe dans une chambre voisine, où brodaient avec application deux jeunes filles assez jolies, qui n'étaient autres que les enfants du couple.

« Isabeau, dit leur mère, aidez-moi donc à frictionner cette pauvre petite, avant de lui faire mettre des vêtements chauds. Vous, Aiglente, vous irez réchauffer notre civet de ce midi, pour qu'elle puisse se restaurer. »

Ainsi fut fait, et quelques minutes plus tard, Berthe, vêtue d'une confortable chemise et d'une grosse robe de laine, était assise à table devant une appétissante assiettée de lapin fumant, une belle miche de pain blanc et un gobelet de vin. Constance et ses filles l'entouraient de prévenance, et ce ne fut que lorsqu'elle eut terminé son repas, par deux poires sucrées et juteuses, que son hôtesse se permit de l'interroger.

– Quel est votre nom, demoiselle ?

– Je m'appelle Berthe, répondit-elle sans y prendre garde.

– En ce cas, soyez doublement la bienvenue, car c'est le nom de notre dame, la reine de France qu'a nouvellement épousée le roi Pépin, à ce que j'ai entendu. On la dit très belle et pleine de vertu, aussi aurons-nous soin de vous pour l'amour d'elle. »

Berthe se mordit les lèvres, regrettant un peu tard d'avoir donné son véritable nom. Mais elle se rassura, songeant qu'il en eût fallu davantage pour la faire connaître. Elle répéta l'histoire dont elle avait jà payé Simon, brodant à loisir et inventant de nouveaux détails au fur et à mesure que les questions lui étaient posées, jusqu'à ce que la maisonnée se tînt pour satisfaite.

« Vous n'avez pas eu de chance jusque-là, ma fille, lui dit Constance d'un ton réconfortant, et peut-être eût-il mieux valu pour vous rester auprès de votre père que partir loin de lui. Mais maintenant que vous êtes sous notre toit, vous n'avez plus rien à craindre : vous resterez chez nous jusqu'à ce que nous ayons pu vous placer quelque part.

– Certes, dit Berthe en soupirant amèrement, j'aurais mieux fait de rester auprès de mon père que de venir en ces contrées ! Mais ce qui est fait est fait. Je vous remercie du fond du cœur de me permettre de rester chez vous. Je vous le revaudrai un jour, si je puis, et si je ne le peux, c'est Dieu qui le fera.

– C'est bien la moindre des choses : le Haut Maître ne nous enseigne-t-il pas à aider notre prochain ? Mais dites-moi, jeune fille, y a-t-il quelque travail pour lequel vous êtes douée ? Car si vous saviez coudre ou filer, nous pourrions vous trouver une honnête place en ville, ou dans une des châtellenies d'alentour, si vous préférez.

– Ma foi, on m'a souvent dit que je brodais assez bien.

– À merveille ! Dans ce cas, vous nous en ferez la démonstration quand vous voudrez. Mais pour l'instant, c'est de repos que vous avez besoin : ne vous inquiétez de rien et remettez-vous de vos peines. »

Constance et ses filles s'employèrent alors à faire un lit pour leur invitée, et la laissèrent s'y coucher, entre un moelleux matelas de plume et de chaudes couvertures. La noble dame, épuisée par ses précédentes aventures, glissa promptement dans le sommeil et dormit comme un loir jusqu'au lendemain.

Le jour venu, Berthe se leva de bonne heure et, s'étant vêtue, elle s'employa à se rendre utile en aidant aux différentes tâches domestiques de la maisonnée. Ses hôtes, pleins de prévenance pour elle et de compassion pour les épreuves qu'elle avait traversées, lui répétaient avec douceur qu'il n'était pas nécessaire qu'elle se donnât tant de mal : en effet, la noble dame ne ménageait pas ses efforts : on la vit ce jour-là balayer la maison, aller laver le linge à un ruisseau voisin, l'étendre pour le faire sécher, et aider à la préparation du repas. Elle s'acquitta de toutes ces tâches, dont elle était peu coutumière, avec un entrain et une adresse qui compensaient amplement ses quelques hésitations dues au manque de pratique, et une aimable courtoisie qui lui gagna tout à fait des cœurs jà à moitié conquis par sa jeunesse et sa beauté.

Or, on rapporte qu'Isabeau et Aiglente soulaient broder de fil d'or des étoffes de soie, car Simon le voyer, s'il était, on l'a dit, un excellent homme, avait sa petite gloriole : il aimait à faire valoir son rang, si mineur qu'il fût, d'officier de la couronne, et n'était pas chiche quand il s'agissait d'acheter, pour vêtir sa famille, de riches tissus dans lesquels il faisait passer une partie de sa soudée : il économisait ensuite en confiant à ses filles le soin de broder ces tissus, et toutes deux s'y entendaient assez.

Durant l'après-midi, elles se retirèrent dans leur chambre et se mirent à cette besogne. Berthe étant inoccupée, elles lui proposèrent de se joindre à leur ouvrage et de leur montrer ses talents de brodeuse. La reine ne se fit pas prier : elle avait appris à broder en Hongrie, auprès de sa mère et de ses suivantes, et excellait dans cet art, car elle unissait un savoir-faire acquis à force d'application et de patience à une grande habileté des mains et à un goût exquis. Aussi, dès que les étoffes et le fil d'or lui eurent été confiés, se mit-elle au travail avec entrain, tout en entonnant, d'une voix de sirène, une de ces jolies chansons de toile que les dames du temps jadis, et même les reines, à ce qu'on assure, avaient coutume de chanter pendant qu'elles s'affairaient aux travaux d'aiguille :

> *Belle Aélis brode, dolente,*
> *Car son ami Thierry lui manque.*
> *Elle se plaint et se tourmente,*
> *En la forêt de Longue Attente.*
> *Seulette l'a son doux ami laissée.*

Belle Aélis s'exclame au vent :
« Où est Thierry, qui m'aimait tant ?
Il est parti avant l'Avent.
Mais où sont les neiges d'antan ?
Seulette m'a mon doux ami laissée. »

Belle Aélis clame sa peine :
« Il a quitté celle qui l'aime
Pour aller prier à Saint-Pierre.
Y voit-il de belles Romaines ?
Seulette m'a mon doux ami laissée. »

Belle Aélis au cœur féru
S'écrie : « Ami, où donc es-tu ?
Les fourriers d'été sont venus,
Mais toi non : tu ne m'aimes plus.
Seulette m'a mon doux ami laissée. »

Belle Aélis pleure et sanglote :
« Hélas, que traîtres sont les hommes :
Ce sont amis que vent emporte ! »
C'est alors qu'on frappe à sa porte.
Seulette l'a son doux ami laissée.

Belle Aélis court ouvrir l'huis :
Voilà son bel ami Thierry.
« Chère dame, me revoici ! »
L'amie embrasse son ami.
La nuit durant, il ne l'a plus laissée.

Et tout en chantant de la sorte, la jeune fille brodait si bien, avec tant d'art et tant d'adresse, en usant de si rares secrets qui lui venaient de la cour de Hongrie, qu'Isabeau et Aiglente, qui la regardaient faire, se récrièrent d'admiration à la vue des merveilleux motifs que son aiguille faisait naître sur la soie.

« En nom Dieu, dit Isabeau, je me croyais bonne ouvrière, mais je vois que je me trompais et que je ne savais que les rudiments du métier. Vous, Berthe, au rebours, vous en connaissez le fin du fin ! Il me faudra me mettre à votre école, si je veux apprendre à faire œuvre qui vaille quelque chose, car toutes les broderies que j'ai faites ne sont qu'enfantillages auprès des vôtres ! »

– C'est bien vrai, renchérit Aiglente. Berthe, vous devez absolument nous enseigner votre art !

La jeune femme rougit à tant de compliments et s'en défendit au moyen des réponses pleines de modestie qu'exigeait la politesse, mais en son for intérieur, elle était assez fière de son talent, et point mécontente d'avoir fait si bonne impression à ses jeunes compagnes. Constance ne tarda pas à survenir, attirée par le gai babil de ses filles, et ces dernières l'accueillirent en lui faisant part de l'habileté de leur invitée.

« Il ne faut pas que Berthe s'en aille, dit Aiglente avec élan. C'est la meilleure ouvrière que j'aie jamais vue, et les vêtements qu'elle ornera seront les plus beaux du pays. J'ai grand hâte de porter une robe sortie de ses mains. En vérité, chère mère, si elle part, je la suivrai, car je veux qu'elle m'apprenne à broder comme elle fait : elle serait assez adroite pour adorner les habits du roi ! »

La maîtresse de maison sourit à ces propos, s'imaginant que ses filles, par affection pour Berthe, enjolivaient quelque peu. Mais lorsqu'elle eut examiné le travail de la jeune fille et l'eut regardée broder, elle dut convenir que ces louanges n'étaient pas excessives.

« Il me plairait fort que Berthe reste chez nous, dit à son tour Isabeau. Ce n'est pas seulement qu'elle soit bonne ouvrière. Elle est gentille et nous nous entendons bien. Moi, je l'aime déjà. Et puis, elle a bien souffert et je ne voudrais pas qu'elle retombe dans la misère. Elle pourrait aider aux travaux de la maison, et ce serait comme d'avoir une autre sœur. Que vous en semble, mère ?

– C'est une chose dont il faudra que votre père et moi discutions, mais je n'y suis pas opposée. Quoi qu'il en soit, n'ayez crainte : nous ne la laisserons pas dans la nécessité. Ce ne serait pas chrétien ! Que nous la gardions près de nous ou que nous la placions ailleurs, nous trouverons bien le moyen de la mettre à l'abri du besoin : une si bonne ouvrière ne manquera pas de travail. »

Si Constance répondit de la sorte, ce fut par souci de ne point trop s'avancer et de ne pas présumer de l'accord de son mari. Mais quant à elle, l'idée de recevoir Berthe en sa mesnie la séduisait jà. Les manières affables de la jeune femme lui inspiraient confiance et affection, et elle se sentait jà fort bien disposée à son égard. Aussi, lorsque fut venu le moment d'entretenir Simon du sort de l'invitée, loua-t-elle hautement ses qualités de ménagère et de brodeuse, ainsi que la douceur de son caractère. Le brave voyer ne se fit pas beaucoup prier pour accepter que l'on retînt la charmante enfant, et c'est ainsi que Berthe devint membre à part entière de la petite maisonnée.

À quoi bon prolonger mon récit, en vous narrant par le menu le cours banal d'une vie simple et tranquille ? Qu'il vous suffise de savoir que la reine vécut neuf ans au sein de cette hospitalière famille, s'acquittant de bon cœur de ses tâches, comblée d'affection par chacun et la guerredonnant par des trésors de tendresse. Elle honorait Dieu, assistait fidèlement aux saints offices et se montrait en toutes choses humble, patiente et modeste, recevant avec gratitude ce que Notre Seigneur lui envoyait. Assidue à la prière, elle y recommandait, avec une ferveur sincère, ses bien-aimés parents et son époux le roi Pépin à la grâce et à la protection divine. De surcroît, on rapporte qu'elle s'astreignait, par pénitence, à de nombreux gestes de piété : elle jeûnait consciencieusement le vendredi, ne mangeant que du pain, ne buvant que de l'eau, et le samedi, elle portait la haire sous sa chemise. Toutefois, elle ne faisait nullement étalage de ses dévotions, les cachait tant qu'elle pouvait et s'efforçait de faire bon visage les jours de jeûne. En somme, elle menait si bonne vie que tous ne pouvaient que se louer de sa conduite. Mais il convient que je quitte un moment la noble dame pour vous entretenir du roi Pépin, des agissements de la perfide Aliste, et des parents de l'infortunée reine.

III
Le voyage de Blanchefleur

Qui traÿson pourchace, drois est qu'il s'en repente.

(*Berte as grans piés*, Adenet le Roi)

Le roi Pépin, après avoir délégué à Tibert le soin de se débarrasser de celle qu'il tenait pour une félonnesse, ne tarda guère à oublier l'incident. Il ne connaissait pas encore assez bien Berthe pour se douter, en côtoyant Aliste, de la substitution dont sa véritable épouse avait été la victime ; aussi fut-ce en toute innocence qu'il partagea dès lors la couche de la scélérate. Si le caractère d'Aliste n'était pas toujours agréable à son entourage, elle était en général assez fine pour éviter de courroucer le souverain et pour rester dans ses bonnes grâces, de sorte que Pépin, bon an mal an, et malgré quelques disputes, se tenait pour heureux en mariage.

La naissance de deux garçons, issus du lit royal, contribua grandement à la tendresse de Pépin pour sa fausse épouse : le roi était fort satisfait de voir ainsi la pérennité de sa lignée assurée. Comment eût-il pu se douter que ses fils étaient des avoutres, nés d'une supercherie et nullement en position de prétendre légitimement au trône de France ? Du reste, les deux enfants, Rainfroy et Heudry, devaient amplement prouver par la suite qu'ils avaient hérité de la fourberie de leur mère, et se montrer encore plus indignes de la couronne par leur félonie qu'ils l'étaient jà par leur naissance. Mais il n'est pas temps de vous entretenir de cela.

La perfide Aliste, ayant donné deux enfants au roi, se trouva donc être l'objet de sa plus haute considération, et elle sut si bien s'y prendre, à l'aide des conseils avisés de la rusée Margiste, qu'elle gagna sur l'esprit de son époux supposé un empire toujours croissant. Pépin la laissa bientôt se mêler de gouverner sa terre, s'arroger des prérogatives qui ne lui revenaient point et prendre par elle-même nombre de décisions.

Le royaume de France n'eut pas à s'en louer ! Car la fausse reine, encouragée dans cette voie par une mère dont l'ambition et l'avidité ne connaissaient plus de bornes, n'avait d'autre souci que d'amasser le plus de richesses possible, et n'était guère regardante sur les moyens. Ainsi la vit-on créer de nouveaux tonlieux, tailles et droits de passage, augmenter au-delà du raisonnable ceux qui existaient piéça, et s'emparer des sommes ainsi prélevées avec une rapacité plus digne d'une marchande âpre au gain que d'une souveraine. Elle ne se souciait que d'accumuler, sans jamais délier les cordons de son aumônière. Somme toute, elle pressura tant le pauvre peuple qu'elle fut bientôt plus détestée qu'aucune reine de France ne l'avait jamais été.

La trahison, la méchanceté et la bassesse ne peuvent cependant pas rester perdurablement impunies, et les chroniques rapportent qu'Aliste et Margiste reçurent, aussitôt après l'usurpation, leur premier châtiment. En effet, on se mit bien vite à répéter sur leur compte, aussi bien parmi les roturiers qu'au sein de la noblesse et du clergé, un bruit fort infamant, dont je ne saurais affirmer l'exactitude, mais que bien de sages clercs et doctes auteurs, dont l'avis mérite d'être considéré, tinrent depuis pour véridique. On prétendait que, depuis le mariage, la nouvelle reine et sa serve n'avaient jamais pu communier, ni même assister jusqu'à son terme au saint office : durant la consécration, elles se trouvaient prises d'effroi et fuyaient inellement l'église, comme si une force irrésistible les en chassait. Je ne veux pas me prononcer à ce sujet, lequel conviendrait mieux à de sages théologiens, mais un tel miracle n'aurait rien d'impossible : Dieu châtie toujours les méchants, en ce monde ou en l'autre, et quand Il consent à s'incarner dans le pain et le vin pour nous donner la vie éternelle, il n'est pas si surprenant que des pêcheurs impénitents, endurcis dans leur malice, ne puissent supporter la proximité de si sainte chose. Encore est-ce miséricorde de Notre Seigneur que de leur interdire ainsi le haut sacrement, car celui qui communie en état de péché mortel commet un si affreux sacrilège que l'on peut bien dire de lui qu'il mange et boit sa propre condamnation.

Mais je me suis assez attardé sur les méfaits et la cupidité de l'usurpatrice : il est temps de poursuivre le fil de mon récit. En Hongrie, le roi Floire ct sa chère Blanchefleur se languissaient de leur fille, qu'ils n'avaient pas vue depuis de longues années. Ils avaient cependant reçu de France quelques nouvelles, et savaient du moins que le roi Pépin était père.

Or, le couple était dépourvu d'héritier mâle : outre Berthe, ils avaient eu un fils, Godefroy, et une fille, Aélis, mais Godefroy avait été fauché par un accident de chasse quatorze mois après le départ de sa sœur pour la France. Quant à Aélis, mariée au duc Nicolas de Bohème, elle était morte de maladie sans lui donner d'enfant, de sorte que les deux époux ne savaient trop en quelles mains passerait leur royaume après leur trépas, et ce leur était un souci constant. Aussi le roi Floire dit-il un beau jour à sa femme :

« Chère belle, il y a longtemps que nous n'avons pas reçu de nouvelles de notre douce Berthe. Que diriez-vous d'envoyer au roi de France une ambassade, qui lui porterait des présents et s'informerait de ce qu'il advient de notre fille ? Et par la même occasion, si vous en êtes d'accord, nous pourrions demander à Pépin de nous envoyer l'un de ses fils : je crois que lc jeune Heudry est d'âge à être mis en pagerie, et j'ai grand désir de le connaître. Nous l'élèverions auprès de nous ; il nous serait comme un autre enfant : c'est notre descendant bien prochain, et il doit à bon droit nous être cher. Le temps venu, nous le ferions chevalier à grand honneur, et le jour où Notre Seigneur voudra m'ôter cette vie éphémère, il me succédera sur le trône. Je gage qu'il saura bien garder et protéger notre terre ! Mais qu'en dites-vous, ma mie ?

– C'est là une heureuse pensée dont vous vous êtes avisé, lui répondit Blanchefleur. J'en suis d'accord, et moi aussi je serais ravie d'avoir auprès de moi mon petit-fils.

– C'est donc décidé, conclut gaiement le souverain. J'enverrai en France des barons courtois et puissants, afin de faire honneur à notre gendre. »

Il en alla ainsi que le couple l'avait décidé et le lendemain, dès l'aube, partit pour la France une brillante troupe de chevaliers, menée par un noble comte du nom d'Enguerrand, porteur d'une missive adressée au roi Pépin. Ils traversèrent sans encombre les contrées tudesques et, quelques jours plus tard, se présentaient à Paris devant le souverain de France, en son palais.

Le roi Pépin, comme bien on s'en doute, reçut les émissaires avec grande courtoisie : ils furent aussitôt invités à s'asseoir, à remplacer leurs manteaux de voyage par de légers mantelets de soie et à se désaltérer. Enfin, lorsqu'ils eurent bu leur content de bon vin de Bourgogne, leur hôte se permit de les questionner :

« Eh bien, amis, si vous avez pu reprendre haleine, nous direz-vous pourquoi mon noble père le roi Floire, que Dieu bénisse, m'a fait la joie de vous envoyer à moi ?

– Très redoutée Majesté, répondit le comte Enguerrand, il faut vous dire que le roi Floire a perdu son fils, le prince Godefroy, ainsi que la duchesse Aélis, sa fille, sans qu'ils lui donnent de descendance, hélas. Aussi les deux fils que vous avez eus de la reine Berthe sont-ils ses plus prochains parents : c'est pourquoi il vous fait la requête de lui envoyer le petit Heudry, votre cadet. Mon seigneur le nourrira et prendra soin de lui comme de son fils ; le moment venu, il lui donnera la colée et il fera de lui l'héritier de sa terre : ainsi vos deux enfants auront-ils chacun leur propre royaume. Ce n'est pas là une proposition à négliger. Voici la lettre que le roi vous a fait écrire, où tout cela est consigné. Que vous en semble, sire ? »

Le roi Pépin, s'étant fait remettre le pli, y reconnut d'un coup d'œil le sceau du souverain de Hongrie. Il fit lire la missive à son chapelain, qui lui confirma que la teneur du message était en tous points semblable à ce qu'avait annoncé le comte.

Pépin resta un moment silencieux et pensif. Une offre semblable méritait bien d'être considérée. Certes, la perspective de voir ses deux fils monter chacun sur un trône avait de quoi le réjouir ; cependant, il hésita. Les enfants étaient encore bien jeunes, et il lui en coûtait de se desservrer de l'un d'eux. En outre, même s'il se refusait à l'admettre, le roi savait bien, en son for intérieur, que Rainfroy et Heudry n'étaient pas de la trempe dont on fait les grands souverains, et il craignait, en remettant deux règnes entre leurs mains, de les écraser sous le poids d'un faix trop lourd pour leurs épaules. Aussi, après avoir pris conseil des hauts hommes de sa cour, laïcs comme ecclésiastiques, répondit-il en ces termes :

« La proposition est flatteuse, et je sais gré au roi Floire de la bonne amour naturelle qu'il témoigne à mes fils et à moi. Vous lui ferez part, comte Enguerrand, de la haute estime et de l'affection dans lesquels je le tiens, car vraiment je le considère comme l'un des plus excellents princes de la terre. Pourtant, à mon grand regret, et quoi que j'eusse été plus que ravi d'être agréable à votre seigneur, je ne puis assentir à sa requête, du moins pour l'instant. Mes fils sont encore trop jeunes pour que je consente à voir partir l'un d'entre eux, et du reste, je crois qu'il n'y aurait pas trop de deux princes des lys pour maintenir et garder la terre de France.

– J'en suis bien marri, dit le comte, mais qu'il en soit selon votre volonté : chacun vous tient pour un prudhomme des plus sages, et ce que vous décidez est bien décidé. Mon seigneur, assurément, ne s'en offensera pas.

– Je l'espère. Et pour qu'il ne puisse douter de mon respect pour lui, je lui ferai porter par vous des présents qui, je le souhaite, auront l'heur de lui plaire. Quant à vous tous, courtois messagers de Hongrie, vous êtes mes hôtes, et je veux que vous gardiez de votre venue en France heureuse remembrance. C'est pourquoi je vous demande de rester auprès de moi quelques jours : nous nous appliquerons à vous faire fête à la française, et à votre départ, chacun de vous rapportera des cadeaux dont il aura lieu d'être content. »

Les ambassadeurs ne protestèrent guère que pour la forme, tant ils savaient qu'à cet égard, il en faudrait passer par les volontés du roi, sous peine de lui faire un grave affront. Aussi séjournèrent-ils un moment à la cour, au milieu des fastes, des banquets, de la musique et des chants des jongleurs et des ménestrels, des danses et des chasses. Quand enfin ils partirent, ce fut après avoir été comblés de largesses : riches vêtements de vair, de martre et de petit-gris, coupes et hanaps d'or et d'argent, éperviers et autours trois fois més, élégants brachets et lévriers de race, chevaux de prix, pennons et caparaçons de soie. Au roi Floire, ils rapportaient des dons plus somptueux encore, mais je perdrais ma peine en essayant de vous en faire le compte. Somme toute, ils pouvaient donc se tenir pour pleinement satisfaits, excepté pour ce qui touchait à leur mission.

Quant à la fausse reine Aliste, elle avait bien sûr été avisée de l'ambassade, et les nouvelles contenues dans la missive lui avaient été transmises. Elle avait eu soin de verser, sur la mort des enfants de Floire et Blanchefleur, force larmes de crocodile qui avaient dupé tout son monde, et avait vu partir la délégation hongroise avec un soulagement dissimulé, car elle ne tenait pas trop à côtoyer des gens qui eussent pu éventer sa perfidie.

Les messagers parcoururent donc en sens inverse le chemin qu'ils avaient emprunté pour venir de Hongrie et allèrent rendre compte des résultats de leur ambassade au roi Floire. Celui-ci en fut fort déçu, son épouse plus encore, et s'ils apprécièrent les cadeaux de Pépin comme une louable marque de courtoisie, à la vérité, ils n'en firent pas grand cas, au regard du chagrin que leur causait le refus opposé à leur proposition.

Blanchefleur surtout, qui avait le cœur tendre, en fut très affectée. Après avoir fondé de grands espoirs sur la perspective de recevoir un petit-fils à chérir, qui lui rappellerait sa bien-aimée Berthe, ce fut avec douleur qu'elle vit ces espoirs trompés. Elle se mit à se languir de sa fille plus qu'auparavant encore, et devint mélancolique.

Or, une nuit, elle fit un songe étrange et effrayant : une ourse énorme, aux poils hérissés, à la large gueule garnie de crocs monstrueux, surgissant de quelque sombre forêt, se jetait sur elle et lui dévorait le bras droit, le côté et la cuisse, tandis qu'un grand aigle au noir plumage venait se poser sur son visage, plaçant ses redoutables serres sur ses yeux et sa bouche. La reine se réveilla alors en sursaut, avec un cri de terreur, et s'assit dans son lit, le cœur battant.

Le roi Floire, qui reposait auprès d'elle, fut tiré du sommeil par son agitation et, encore à moitié endormi, lui demanda en réprimant un bâillement :

« Que vous arrive-t-il, ma mie ?

– J'ai fait un horrible rêve, répondit Blanchefleur encore frissonnante. J'étais dévorée par des bêtes des bois. »

Floire adressa à sa femme un sourire rassurant et passa un bras protecteur autour de ses épaules.

– Ce n'est rien, chère belle, lui dit-il avec tendresse. Remettez-vous. Nous faisons tous parfois de mauvais rêves, mais il n'y faut pas attacher d'importance. Voyez : vous êtes avec moi dans notre chambre aux murs de marbre, dans le fort donjon de notre château. Aucune bête sauvage n'y peut pénétrer. Vous ne courez aucun danger. Recouchez-vous donc sans crainte, et que Dieu vous donne de doux songes !

Les propos du roi semblaient frappés du sceau de la sagesse, mais ils étaient impuissants à rendre le calme à Blanchefleur, qui secouait la tête et se tordait les mains. La reine n'avait pas coutume de faire des cauchemars, et celui-là lui avait paru si réel qu'elle en restait fortement impressionnée. Elle sentait confusément qu'il s'agissait là d'un présage, que ce rêve était issu non pas des portes d'ivoire, mais bien de celles de corne, et qu'il recelait un sens caché. La dame était douée d'une grande clairvoyance qui ne l'avait jamais trahie et que même son époux en était venu à reconnaître et à apprécier au fil des ans. Aussi ne douta-t-elle pas de ce que lui criait son cœur : il s'agissait de quelque méchef ou de quelque péril qui lui était annoncé de la sorte.

Une autre eût pu, sans doute, s'inquiéter pour son propre sort après un pareil songe, et redouter un danger pour sa propre personne. Mais la haute dame avait le cœur bien au-dessus de si pusillanime crainte, et son tempérament, généreux et aimant, l'incitait à se faire plus de souci pour ceux qui lui étaient chers que pour elle-même. Or, sa tendre

Berthe ayant été, pendant bien des jours, l'objet de la plupart de ses pensers tristes, c'est immédiatement vers elle que se portèrent ses peurs, d'autant plus aisément que le roi Floire ne lui semblait pas pouvoir être l'objet de quelque péril que ce fût.

« Beau doux sire, dit-elle enfin, je vous demande une faveur : faites-moi apprêter une escorte et permettez-moi de partir pour la France pour y visiter notre fille Berthe.

– Voilà qui est fort soudain ! répondit le roi, surpris. Vous me demandez cela au milieu de la nuit. Pourquoi ce désir si brusque, ma mie ? Ne vaudrait-il pas mieux en discuter demain ?

– Ah, je vous en prie, en nom Dieu, sire ! Je ne pourrai pas dormir si je n'ai pas votre réponse. Je me fais pour notre fille une bile noire, et j'ai grand peur que le songe que j'ai fait ne la concerne. Car l'ourse de mon rêve a dévoré mon bras dextre, et Berthe m'est bien aussi précieuse que ce bras. Elle a dévoré mon flanc, et c'est dans mes flancs que j'ai porté notre fille. Elle a dévoré ma cuisse, et c'est d'entre mes cuisses qu'elle est née, la chère enfant. C'est pourquoi je me fais tant de souci pour elle. Si vous ne me laissez pas aller la voir, j'en mourrai d'inquiétude.

– Allons, dame, ne soyez point si craintive. Notre fille est reine de France, et elle dort sans doute entre les bras du roi Pépin à l'heure où nous parlons. Quel danger pourrait-elle bien courir ? Si quelque péril la menaçait, tous les paladins de France tireraient l'épée pour la défendre, et vous savez que la chevalerie de France n'a pas d'égale au monde.

– Peut-être bien, mais il est des dangers que des épées ne peuvent écarter : de la trahison, du poison ou de la maladie, nul ne peut se garder. Et quoi qu'il en soit, cela fait huit ans passés que je n'ai pas vu ma fille : je me languis grandement d'elle. Quel mal cela ferait-il que j'aille lui rendre visite ? Nul ne songerait à s'en étonner. Je gage qu'elle serait heureuse de me voir, et le roi son époux également.

« – Eh bien soit, convint Floire avec un sourire. Vous avez mon accord : dès demain, je veillerai à vous procurer une escorte. Mais je voudrais que vous profitiez de ce voyage pour renouveler notre requête auprès du roi Pépin : qu'il consente à nous envoyer l'un de ses fils, que vous ramènerez avec vous. Qui sait ? Peut-être saurez-vous le convaincre mieux que ne l'a su le comte Enguerrand, vous qui êtes si éloquente et si bien emparlée.

– J'essaierai du moins, sire, et je ferai de mon mieux pour obtenir cela de notre gendre. »

C'est ainsi que fut décidé le voyage de la reine Blanchefleur en France.

Le roi Floire ayant réuni pour elle un grand branle-bas de chevaliers, de varlets et de suivantes, ce fut en superbe arroi que Blanchefleur quitta la cour de Hongrie. Ce brillant équipage chemina d'un bon train, sur les instances de la reine que ses inquiétudes pressaient d'arriver, et atteignit bientôt les confins du royaume de France. Mais si jusque-là le périple s'était déroulé sans que les Hongrois ne rencontrassent chose digne d'être rapportée, la traversée des campagnes françaises réservait en revanche à la pauvre mère de cruelles surprises.

Un midi, alors que l'escorte royale, traversant la Champagne, passait près d'un champ où fauchaient des vilains, la reine qui, s'appuyant sur son coude, contemplait le paysage depuis sa litière, entendit le virelai que les vilains, pour se donner de l'entrain, chantaient à tue-tête :

La reine Berthe nous tond comme moutons.
Que ses jours ne soient pas longs !

Elle serre en sa cassette
Sa fortune malhonnête,
Mais ne donne ni ne prête
Car elle aime trop l'argent.
La reine Berthe nous tond comme moutons.
Que ses jours ne soient pas longs !

Elle augmente les tonlieux
En toutes villes et lieux
Afin de nous tondre mieux,
Sans épargner nulle gent.
La reine Berthe nous tond comme moutons.
Que ses jours ne soient pas longs !

Elle raconte à Pépin
Qu'il pourrait manquer de pain
Même si son coffre est plein :
Il la croit quand elle ment.
La reine Berthe nous tond comme moutons.
Que ses jours ne soient pas longs !

Elle invente des impôts,
Et nous fait vider nos pots
Par la main de ses suppôts,
Puisque le roi y consent.
La reine Berthe nous tond comme moutons.
Que ses jours ne soient pas longs !

Quand un jour elle mourra,
Chacun s'en réjouira
Et fêtera ce jour-là
Avec grand soulagement.
La reine Berthe nous tond comme moutons.
Que ses jours ne soient pas longs !

Blanchefleur se signa en entendant cette chanson, dont le refrain lui glaçait le sang.

« Dieu ! s'écria-t-elle. C'est de ma fille qu'on parle ainsi ! »

Un des barons de son escorte, voyant son trouble, conduisit son cheval auprès de la litière de la reine et lui dit d'un ton apaisant :

« Ne faites pas attention à ces ribauds, Majesté. Vous savez comment sont ces Français : ils ont la langue bien pendue, ils n'aiment rien tant que se plaindre de leurs seigneurs, et ils trouvent toujours qu'ils paient trop d'impôts. Il n'y faut pas attacher d'importance.

– Mais pourquoi prononcent-ils de telles imprécations contre ma fille ? répliqua Blanchefleur, nullement apaisée. Que peuvent-ils bien lui reprocher, pour aller jusqu'à souhaiter sa mort ?

– Ils n'en pensent probablement pas le quart, mais il est vrai qu'ils passent la mesure. Voulez-vous que nous donnions une leçon à ces insolents ?

« – Non pas, beau sire. Poursuivons plutôt notre route sans attendre, car il me tarde d'arriver. »

Ce fut avec soulagement que la reine laissa derrière elle le champ où travaillaient les impertinents vilains. En d'autres circonstances, peut-être n'eût-elle pas accordé plus d'une pensée à l'incident, mais après le sinistre songe qu'elle avait fait, les malédictions lancées contre les jours de Berthe lui semblaient de mauvais augure. Elle parvint, au bout d'un long moment, à faire taire ses appréhensions, mais celles-ci furent ravivées le soir même, et je vais vous conter comment.

La nuit approchant, la compagnie hongroise décida de faire halte dans la bonne ville de Provins en Brie, et se présenta aux portes du fier château qui, campé sur une éminence, dominait la cité. Gautier, le sire de Provins, apprenant quels hôtes de marque venaient demander son hospitalité, s'empressa d'aller les bienveigner et se mit en frais pour leur offrir un excellent accueil.

Or, ce seigneur fortuné était heureusement marié à une femme charmante, bien apprise, courtoise et pleine d'esprit, du nom de Marguerite, dont il avait deux filles, et il pensa qu'il plairait sans doute à la reine, après son souper, de se retirer dans les chambres de son épouse et de ses suivantes pour jouir d'une agréable compagnie. Blanchefleur et la châtelaine se mirent donc à deviser plaisamment. Blanchefleur s'efforçait de conduire son hôtesse sur le sujet de sa fille et d'en apprendre ce qu'elle pourrait, mais Marguerite était trop fine pour aller annoncer à la reine de Hongrie que sa fille était unanimement détestée des Français pour sa rapacité devenue proverbiale. Elle se contenta donc d'énoncer quelques banalités, et Blanchefleur eût fort bien pu ne rien apprendre de l'entretien.

Heureusement pour elle, la plus jeune des enfants du seigneur de Provins, une fraîche créature d'âge tendre qui n'avait pas encore appris les ruses du monde, s'écria d'une voix flûtée :

« Cette reine Berthe, n'est-ce pas celle dont tout le monde parle ? Celle dont on dit qu'elle va ruiner le royaume à force d'impôts, parce qu'elle aime tellement l'argent ? Il y a même des chansons sur elle ! Voulez-vous que je vous en chante une ?

– Non, ma chérie, lui répondit vivement sa mère. Et ne parle donc pas à tort et à travers comme cela ! »

Puis, se tournant vers Blanchefleur avec une mine contrite, le visage rouge d'embarras, elle s'efforça de réparer l'impair en déclarant :

« Veuillez l'excuser, douce dame débonnaire. Ce n'est qu'une enfant, elle ne sait pas ce qu'elle dit !

– Je crois au contraire qu'elle le sait fort bien, rétorqua la reine. J'ai jà entendu l'une de ces chansons dont elle parle. Qu'est-ce que tout cela veut dire ? Pourquoi ma fille est-elle détestée à ce point ? En nom Dieu, je vous conjure de me dire la vérité ! »

Marguerite soupira.

« Vous m'avez si hautement conjurée que je ne puis me taire. J'espère ne pas vous courroucer. Le fait est, dit-elle en choisissant prudemment ses mots, que votre fille n'est pas très aimée du peuple. Elle a alourdi les tailles, augmenté et créé des tonlieux. Vous savez que les vilains sont volontiers médisants : ils assurent qu'elle ne pense qu'à s'accaparer l'argent des impôts pour le garder par-devers elle.

– Mais ce ne sont là que commérages de paysans, n'est-ce pas ? Vous-même, vous n'y croyez pas ? »

Marguerite se troubla, hésita visiblement.

« Mon Dieu, dit-elle, que peut bien valoir l'avis de votre humble servante ? Il ne m'appartient pas de connaître ces choses. Que pourrais-je en savoir ?

– Pourtant, vous avez un avis à ce sujet. Parlez sans crainte. Soyez sûre que vous ne gagnerez ainsi que ma gratitude.

– Ce que je puis dire, poursuivit donc Marguerite avec réticence, c'est que lorsque je me suis rendue à Paris avec mon époux, pour la cour plénière des dernières Pâques, j'ai côtoyé la reine plusieurs jours, et jamais je ne l'ai vue bourse délier, que ce fût pour faire l'aumône aux miséreux, ou pour faire largesse aux barons et aux bons chevaliers venus de loin pour l'honorer. Mais Dieu sait que cela ne veut rien dire : la reine doit être de ceux dont la charité est discrète. Selon le précepte de l'Évangile, sa main droite ignore ce que donne sa main gauche. Et si sa main droite l'ignore, comment pourrais-je le savoir ? »

La reine eut un sourire triste.

« Chère dame, dit-elle, vous êtes aussi subtile que bonne. Vous avez trouvé les mots justes à la fois pour tirer votre épingle du jeu et pour rassurer mon cœur de mère. Soyez-en remerciée. Mais hélas, cela ne suffit pas. J'ai toujours enseigné à ma fille que la largesse était l'une des hautes vertus d'un roi, que c'est sur elle que se fondent son pouvoir et l'amour que ses sujets lui portent. Le jour de son départ encore, il me souvient que je lui ai recommandé d'être toujours charitable et généreuse. Et si j'en crois ce que j'apprends, elle ferait tout au rebours de ce que je lui ai appris ! Ah, c'est un coup bien cruel que m'a réservé dame Fortune ! Je suis maintenant plus impatiente que jamais de la revoir, de lui parler et d'apprendre de sa bouche ce qui est vrai et faux dans ces bruits. Si je pouvais voler ! Ah, si j'avais un de ces manteaux de plumes de cygne dont parlent les lais du temps d'Arthur, j'aurais tôt fait de la rejoindre ! Avant minuit, j'aurais tout tiré au clair !

– Noble reine, lui dit Marguerite d'un ton consolant, ayez bon courage, votre fille sera bientôt dans vos bras. D'ici à Paris, il n'y a guère que trois ou quatre jours de chevauchée. Je suis sûre que tout s'arrangera au mieux. Si votre fille, ce qu'à Dieu ne plaise, a péché par cupidité, vous la sermonnerez, voilà tout : c'est le métier d'une mère. »

Et ce disant, elle lançait un regard tendre à sa fille, restée muette depuis qu'elle avait été rappelée à l'ordre. Mais malgré tous ses efforts, le poids pesant sur le cœur de Blanchefleur ne s'allégea pas.

Le lendemain, l'équipage de Hongrie reprit sa route en direction de Paris, traversant bois et campagnes. Si la troupe put cheminer sans rencontrer nul contretemps, l'esprit inquiet de la reine la poussait désormais à s'enquérir de sa fille à chaque occasion, auprès des paysans, des marchands rencontrés sur la route ou des hôtes chez lesquels elle passait la nuit. Elle se heurta de la sorte à moult hésitations et évasives réponses qui, loin de la rassurer, la convainquirent bien vite qu'une telle crainte de parler ne pouvait être motivée que par la réticence à médire d'une reine devant sa mère, et lui firent présumer que la conduite de Berthe, pour insupportable que fût cette idée, était bien aussi mauvaise qu'on le lui avait laissé entendre.

Un dernier incident acheva de la persuader de cela. Comme l'escorte traversait une bourgade briarde, un homme visiblement éméché sortit d'une taverne de la rue, et lança à la cantonade :

« Fichtre ! En voilà du beau linge ! Quel est donc le galant seigneur qui passe, avec cette tripotée de mignots chevaliers ? Ils ont plus d'or et de soie sur le cul que je n'en ai vu en ma vie !

– Paix, ribaud ! répliqua vertement un des barons de l'escorte. Écarte-toi pour laisser passer ma dame la reine de Hongrie, qui est la mère de ta souveraine ! »

Le roturier écarquilla les yeux de surprise et resta un moment bouche bée, mais soit qu'il fût de ces gens qui ont du toupet à revendre, soit qu'il puisât dans quelque bon vin de Champagne une verve inextinguible, il ne resta pas coi bien longtemps.

– Alors c'est elle ! brailla-t-il. C'est la mère de la truie, de la male garce qui nous ruine et nous mange tout sur le dos ! La Hongroise qui mène le roi Pépin par le bout du nez et qui, j'en jurerais, lui fait pousser des cornes !

– Vas-tu te taire, pendard ? fulmina le chevalier, empourpré de fureur.

– Non, jarnibleu, je ne me tairai pas ! Cette méchante reine m'a mis sur la paille ! Je ne possédais guère qu'un cheval, qui me servait à gagner mon pain pour moi, ma pauvre Jeannette et nos enfants. Il valait bien soixante sous ! Mais quand je suis allé à Paris vendre du bon bois que j'avais chargé sur mon cheval, la reine m'a fait prendre le canasson en guise de tonlieu ! Maintenant, il ne reste plus à mes galopins qu'à mourir de faim, et moi j'aime autant boire jusqu'à en crever pour ne pas voir ça ! Mais j'espère bien que cette garce crèvera bientôt aussi ! Que le diable l'étrangle, on peut bien dire qu'elle est la reine des fesse-mathieux !

– Tu vas trop loin, maraud ! cria le baron, écarlate de rage. Je m'en vais t'arracher la langue, si tu ne peux la tenir ! »

Et il s'avança vers le vilain, brandissant la badine dont il cinglait son cheval d'un geste menaçant. Mais avant qu'il ne pût frapper, un concert de huées s'éleva autour de l'escorte royale : l'altercation avait attiré l'attention de force badauds, et ceux-ci, s'attroupant aux alentours, prenaient parti pour le soiffard. Une pierre lancée en direction du chevalier atteignit son destrier, lequel fit un écart en hennissant. Quelques instants plus tard, divers projectiles venant des fenêtres des maisons avoisinantes, à vrai dire plus vexatoires que dangereux, et parmi lesquels moult légumes et fruits pourris, se mirent à fuser vers l'escorte hongroise. Plusieurs s'écrasèrent sur les pans de la litière de la reine. Si la situation n'était pas encore réellement dangereuse, elle menaçait fort de tourner à l'émeute, et les chevaliers, craignant pour la sécurité de leur dame, portèrent la main à l'épée.

Ce fut Blanchefleur qui empêcha l'incident de tourner à l'échauffourée : prenant chacun au dépourvu, et à la grande consternation de ses protecteurs, elle descendit de sa litière et marcha droit vers le pauvre homme dont la langue acérée avait tout déclenché.

« Madame, de grâce, crièrent les chevaliers, mettez-vous à l'abri ! Nous aurons tôt fait de disperser cette chiennaille !

– Je vous en prie, seigneurs, répondit la reine, remettez vos épées au fourreau ! Certes, je connais leur valeur, mais je ne veux pas voir couler le sang.

– Majesté, répliqua l'un des barons, je vous supplie de ne point vous exposer ainsi ! Vous pourriez recevoir un mauvais coup ! »

Mais cette inquiétude, à la vérité, était inutile, car en voyant s'avancer la reine, noble et digne dans sa robe d'azur, encore belle malgré les rides qui marquaient sur son front le passage des années, et le visage empreint de tristesse et de gravité, les émeutiers, désarmés par cette majesté altière que la douleur rehaussait jusqu'au sublime, cessèrent de crier comme de lancer leurs projectiles, à la grande surprise des chevaliers de Hongrie. Mais après tout, ces braves gens, qui manifestaient de la sorte leur mécontentement, tout bourgeois et vilains qu'ils fussent, n'en étaient pas moins des Français, et jamais Français digne de ce nom n'offensa une dame.

« Frère, dit avec douceur Blanchefleur au pauvre homme, ma fille t'a causé préjudice, et j'en suis plus navrée que je ne saurais dire. Je veux au moins réparer le tort qui t'a été causé. Prends donc ces deniers : avec eux tu achèteras un nouveau cheval, et du pain pour ta femme et tes enfants. »

Joignant le geste à la parole, la noble dame déposa une poignée de pièces d'or dans la rude pogne du roturier. Celui-ci, n'osant y croire, contempla un moment la somme. Puis il tomba à genoux aux pieds de la reine. Les événements l'ayant dégrisé, ce fut d'une voix vibrante d'émotion qu'il s'écria :

« Dieu vous bénisse, dame ! C'est la Vierge Marie qui vous envoie : grâce à vous, je pourrai nourrir ma famille ! Me pardonnerez-vous jamais ce que j'ai osé dire ? Ce ne sont que paroles de rustre après boire ! Ah, comment pourrais-je vous remercier ?

— En pardonnant à ma fille ce qu'elle vous a fait, si vous le voulez bien.

— Volontiers, et de grand cœur ! claironna le bonhomme. Soyez sûre que je prierai pour elle et pour vous !

— Priez donc pour que Dieu l'éclaire et pour qu'elle s'amende, car j'ai bien peur qu'elle ne se soit écartée du droit chemin. »

Ayant dit, la reine se détourna et regagna sa litière. L'escorte se remit alors en chemin, et ce fut sous les acclamations, car le geste de générosité de Blanchefleur ainsi que son port véritablement royal et son chagrin avaient fait vive impression sur la foule.

« Vive la reine ! criait-on. Longue vie ! Longue vie à la reine de Hongrie ! Que Dieu la bénisse ! »

Cependant ces vivats étaient impuissants à réchauffer le cœur dolent de la malheureuse mère, qui se lamentait à voix basse :

« Ma petite Berthe, est-il possible que tu aies tourné aussi mal que cela ? Ce n'est pas ainsi que je t'ai élevée ! Tu étais si douce ! Comment as-tu pu changer à ce point ? Hélas, que Dieu te donne le repentir ! »

Mais il nous faut quitter ici l'excellente dame pour un temps, car je dois vous parler du roi Pépin et de l'usurpatrice qu'il prenait pour son épouse.

Un beau matin, un messager vint se présenter à la cour, à Paris, et demanda à voir le roi. Celui-ci le reçut dans la grand-salle de son palais, et le messager le salua courtoisement :

« Que Dieu, qui fit le monde, sauve mon seigneur le roi Floire et ma dame Blanchefleur, et qu'Il tienne en sa sainte garde le très glorieux Pépin de France et Berthe son épouse !

— Qu'il vous sauve également, beau sire, répondit le souverain. Qu'est-ce qui amène un chevalier de Hongrie si loin de son pays ?

– Je ne suis pas venu seul, sire roi, mais dans la suite de dame Blanchefleur, qui s'en vient à Paris pour vous visiter, vous et votre femme la reine. Son escorte n'est plus qu'à quelques lieues d'ici, et elle m'a dépêché à vous pour vous en avertir.

– C'est grand honneur que me fait cette haute dame, dit Pépin, et je lui sais gré de ses bontés. J'aurai soin de l'accueillir comme doit l'être une reine si illustre, dont le renom de vertu atteint les confins du monde, et que je révère comme une mère. Dites-moi donc, courtois messager, quand sera-t-elle ici ?

– Très bientôt, seigneur, mais avant que de venir, ma dame souhaite se rendre à Montmartre, pour y ouïr messe.

– À merveille ! dit gaiement le roi. En ce cas, sa fille et moi irons sans tarder l'y rejoindre, pendant que ma mesnie apprêtera le palais pour la recevoir. »

Laissant le chevalier hongrois, Pépin se rendit aussitôt auprès de sa fausse épouse pour lui annoncer que sa mère était toute proche et lui demander de s'apprêter pour aller la bienveigner. Aliste n'eut pas grand mal à feindre la joie, mais la nouvelle lui causa une frayeur affreuse. Dès que le roi l'eut quittée, plutôt que de consacrer ses soins à se parer, elle s'empressa de faire mander Margiste et Tibert pour les mettre au fait de l'arrivée de Blanchefleur.

« Voilà qui est bien fâcheux, dit Tibert en pâlissant dès qu'il eut été averti. Mais le péril n'est peut-être pas si grand : la reine n'a vu ni vous ni Berthe en l'espace de presque neuf ans. En neuf ans, on a bien le temps de changer. Puis, vous et Berthe vous ressembliez moult, et jusqu'ici, vous avez bien su tromper tout votre monde. Ne pourriez-vous aussi engeigner la reine ?

– Cela me paraît bien difficile, dit Aliste. J'ai pu berner les Français parce qu'ils ne me connaissaient pas, mais faire barbe de paille à une mère, voilà une autre affaire ! Du reste, il y a une certaine différence entre

Berthe et moi : un de ses pieds était beaucoup plus grand que le mien, et Blanchefleur le sait bien. À ce seul détail, elle pourrait me reconnaître, et de surcroît, pourrais-je lui parler comme sa fille le ferait ? Il y avait entre elles de certains mots, de certains souvenirs que je ne puis connaître. Et je n'ai pas non plus la même voix que Berthe.

— Alors tout est perdu ! s'écria le serf, blême de peur, en se tordant les mains. Le mieux pour nous trois est de fuir sans attendre : nous pourrons échapper ainsi à la colère du roi. Quant à vos enfants, nous n'avons pas besoin de nous en encombrer : ils sont les fils de Pépin, et ils sont innocents. Je gage qu'on ne leur fera pas de mal.

— On devrait vous appeler Couard le lièvre ! s'emporta Margiste en oyant ces propos. Est-il possible de parler plus sottement ? Nous pouvons encore fort bien nous en sortir, et vous voudriez que nous fassions voir notre coulpe en fuyant ? C'est folie ! Il y a beaucoup mieux à faire. Écoutez-moi : Aliste, vous allez vous aliter, faire fermer vos rideaux et éteindre toutes les lumières de votre chambre, en prétextant qu'elles vous étourdissent. Quant à moi, j'irai prévenir le roi que vous avez été prise d'un accès de fièvre subit et que vous ne pouvez vous lever, ni supporter la moindre lumière.

« Si Blanchefleur veut vous voir, je lui dirai que vous êtes trop faible pour supporter les visites. Ainsi n'aurez-vous pas à être en sa présence. Même si elle insiste assez pour qu'on la laisse entrer dans votre chambre, elle ne vous verra pas bien dans l'obscurité, et vos pieds seront cachés sous les couvertures. Vous n'aurez qu'à parler à voix basse, comme ceux qui souffrent de la gorge, et prétendre que vous êtes trop mal en point pour discuter. Ainsi, elle ne pourra s'apercevoir de rien.

« Qu'en dites-vous ? Ce plan n'est-il pas le meilleur ? »

Convaincus, Aliste et Tibert félicitèrent Margiste pour sa ruse. La fausse reine s'empressa de prendre le lit et, tandis que Tibert retournait vaquer à ses occupations comme si de rien n'était, la perfide serve se rendit auprès du roi, arborant une mine éplorée de circonstance.

« Hélas, sire, lui dit-elle, je vous apporte une bien triste nouvelle !
Votre épouse, à l'annonce de l'arrivée de sa mère, a été si vivement émue
que les forces lui ont manqué, et qu'elle a été prise d'un étourdissement
et d'une fièvre soudaine. J'avais entendu dire par certains mires qu'une
joie trop brusque peut causer autant de mal que la douleur, et il appert
bien que c'est le cas, car la reine se trouve si faible qu'elle a dû s'aliter. Sa
tête lui est si douloureuse que même la lumière la plus petite lui blesse
les yeux, et c'est à peine si elle a la force de parler. En vérité, j'ai grand
peur pour elle.

– Ah, Dieu ! s'écria Pépin, bouleversé. Que saint Côme et saint
Damien lui viennent en aide ! Il faut mander sans tarder les meilleurs
médecins, pour qu'ils se mettent en peine de la guérir !

– J'y veillerai, sire. Depuis son enfance, j'ai toujours eu soin de
la santé de ma dame, et soyez sûr que je n'épargnerai rien pour qu'elle
retrouve ses forces. Mais vous, allez donc accueillir la reine Blanchefleur.
Ma dame est trop faible pour que vous la visitiez, et vous ne pourriez
lui être utile à rien.

– Vous dites vrai, dit le souverain en soupirant. Mais quand je
pense qu'il me va falloir annoncer cela à sa mère, qui l'aime tant et qui
est venue de si loin pour la voir, j'en ai le cœur qui saigne. Dieu ! C'est
là un devoir bien cruel. »

Ainsi le roi s'en alla-t-il, dolent, à la tête d'un cortège de chevaliers et de dames de sa mesnie, parmi lesquels se trouvaient les jeunes
Rainfroy et Heudry, pour aller à Montmartre rejoindre Blanchefleur.
Celle-ci sortait justement de l'église de l'abbaye royale lorsque Pépin,
chevauchant en tête de ses gens, parvint au faîte de la butte. Aussitôt le
roi mit pied à terre et, se dirigeant vers la haute dame, lui dit :

« Soyez la très bienvenue, mère, et que Dieu vous sauve ! Je suis
plus heureux que je ne saurais dire de vous accueillir en mon domaine,
et tous les barons de France se tiennent pour grandement honorés.

– Grand merci, sire, répondit Blanchefleur tout en cherchant sa fille du regard dans le cortège, à vous et à vos barons. Mais je ne vois pas la reine de France. Où est-elle, dites-moi ? »

Pour ne pas alarmer Blanchefleur, Pépin répondit avec plus de calme qu'il n'en sentait lui-même :

« Hélas, elle est quelque peu souffrante. Elle doit garder le lit et n'a pas pu m'accompagner. Mais vos deux petits-fils sont venus pour vous bienveigner. Rainfroy, Heudry, approchez donc. »

Les deux jeunes princes, descendus des haquenées qu'ils montaient, vinrent saluer la haute dame avec une impeccable courtoisie. Pourtant, Blanchefleur qui avant ce jour s'était fait une fête de pouvoir serrer dans ses bras ses descendants, ne sentit en les voyant aucun transport. Son sang ne lui parlait pas en leur faveur, son cœur restait muet et froid. Elle n'en devina point la raison, mais les craintes diffuses que lui avait inspirées son rêve s'en trouvèrent ravivées. Elle rendit leur salut aux enfants, poliment mais sans chaleur, et ne fit pas un geste vers eux pour les étreindre ou les embrasser. Rainfroy et Heudry, intimidés par sa contenance distante, n'osèrent pas non plus l'approcher.

Cela ne plut guère à Pépin, et s'il s'abstint de tout commentaire, les dames françaises, qui avaient volontiers la langue acérée, furent plus loquaces et se mirent à chuchoter entre elles :

« Avez-vous vu cela ? Cette reine est froide comme glace ! Est-ce ainsi que doit s'exprimer bonne amour naturelle entre membres d'un lignage ? Il n'est pas étonnant que notre dame soit si méchante, elle a de qui tenir ! »

Et comme elles tenaient ces propos et mille autres semblables, les barons, écoutant leur babil, opinaient du chef en échangeant des regards peinés. Mais Blanchefleur ne remarqua rien de tout ceci, absorbée qu'elle était dans la contemplation des deux enfants, cherchant les traits de Berthe dans les leurs, et s'efforçant vainement de trouver pour eux, dans son cœur, une tendresse qui n'y était pas. Du reste, nos médisantes avaient le bon sens de médire tout bas, de sorte que pas un mot ne parvint jusqu'aux oreilles de la reine.

Enfin le cortège de France, se joignant à celui de Hongrie, prit la direction de Paris et défila par les rues de la ville. Sur l'ordre du roi, la cité avait été pavoisée, aussi bien qu'on l'avait pu faire en un aussi court laps de temps, et nombre de façades étaient encourtinées de riches pailes aux motifs bigarrés. Mais les vivats, sur le passage de la brillante troupe, ne furent pas nombreux, car l'exécration dans laquelle on tenait l'usurpatrice s'étendait à sa supposée mère.

A l'entrée du palais royal, près du perron de marbre dont on usait pour descendre de cheval, Blanchefleur, ayant mis pied à terre, fut accueillie par Margiste. La serve s'était donné la mine d'une femme au désespoir, et ce fut en versant un flot de larmes qu'elle salua la reine. Blanchefleur, qui ne se méfiait nullement de la scélérate, s'émut de la voir si affligée et courut l'embrasser, le cœur serré de crainte.

« Ah, Margiste, lui dit-elle, vous voir ainsi me fait grand peur. Qu'en est-il de ma fille ? Conduisez-moi vite à elle !

— Hélas, ma dame, elle va bien mal. Je l'ai fait examiner par les mires les plus habiles de tout Paris, et ils hésitent à se prononcer sur son cas. Ils ne savent dire si elle court ou non un danger. Ils lui ont prescrit le repos le plus absolu et recommandé de ne pas s'exposer à la lumière, pour ménager sa tête et ses pauvres yeux. Pour l'instant, elle n'est pas en état de recevoir de visite : elle est trop faible pour parler, et cela la fatiguerait trop. Mais peut-être pourrez-vous la voir ce soir, si elle a repris des forces. En attendant, remettez-vous en à moi : j'aurai soin d'elle comme de ma propre fille.

— J'ai fiance en toi, Margiste, dit la reine avec émotion. Jà, quand elle était petite, tu la soignais toujours si bien ! Je n'irai pas la déranger, c'est entendu. Mais puisse-t-elle se rétablir vite ! J'ai tellement hâte de la revoir !

« – Vous la reverrez bientôt, dame, dit Pépin d'un ton rassurant. Prenez patience et ayez bon espoir. »

Adonc le souverain, prenant courtoisement son invitée par le bras, monta avec elle les escaliers menant à la grand-salle du palais. On dressa diligemment les tables, car il était l'heure de dîner, et l'on servit en l'honneur de la reine de Hongrie un somptueux festin où les convives, seigneurs et dames, ne furent pas moins de quatre cents. Des jongleurs chantaient lais et motets en s'accompagnant de leurs vielles et de leurs rotes, tandis que d'autres exécutaient différents tours d'adresse : il en fut même un pour faire danser un ours. Quant aux plats qui furent servis, comment vous les décrire ? Il y eut là foison de venaisons, de cygnes et de paons, de truites et de lamproies, le tout assaisonné si savamment que les Hongrois eurent bien lieu de louer la cuisine française.

Pourtant, Blanchefleur, au milieu de toute cette gaieté, ne parvenait pas à se départir de ses craintes, aussi ne fit-elle pas joyeuse chère. Se souvenant de sa promesse à son époux, et en dépit de la déception que lui avait causée la rencontre de Rainfroy et Heudry, elle entreprit Pépin sur le sujet des deux princes, lui demandant si vraiment il ne consentirait pas à confier l'un d'eux au roi Floire, lequel l'élèverait comme son fils et en ferait son héritier. Le souverain, qui était lui-même soucieux et morose, n'eut pas le cœur de lui opposer un ferme refus et se contenta de quelques réponses évasives, évoquant son conseil qu'il lui faudrait consulter. Aucun des deux n'avait vraiment le cœur à ces questions : la maladie de celle qu'ils prenaient pour Berthe occupait tous leurs pensers.

Le repas terminé, Blanchefleur ne put s'empêcher de gagner la chambre de la fausse reine pour s'enquérir de sa santé. Mais dans l'anti-chambre, devant la porte de la pièce où était étendue Aliste, elle trouva Margiste qui, sentinelle vigilante, lui en défendit l'entrée.

« Ma dame s'est endormie, prétendit la serve. Mieux vaut ne pas la réveiller. Je lui ai dit que vous viendriez la voir à la vêprée. Vous devriez revenir plus tard, dame.

– Merci, Margiste, mais je préfère rester ici et attendre son réveil. Peut-être aura-t-elle alors la force de me parler. Du reste, je n'ai rien de mieux à faire. »

Et ce disant, elle s'assit sur un siège à côté de la porte. Margiste, comme bien on s'en doute, eût préféré la voir partir, mais cachant son mécontentement, elle répondit simplement d'un « comme il vous plaira », avant de s'asseoir également.

« Dites-moi, Margiste, lui demanda Blanchefleur au bout d'un moment, où est donc votre fille, la belle Aliste ? Je ne l'ai pas vue depuis mon arrivée.

– Dame, elle est morte. » répondit simplement la serve.

La reine de Hongrie fut peinée de cette réponse et témoigna à Margiste une compassion sincère. Mais la scélérate, qui n'avait aucune envie de parler de cette matière, ne répondit aux condoléances de Blanchefleur que par quelques mots brefs, et la reine, supposant que le dol lui occupait encore les vives racines du cœur, s'abstint charitablement d'approfondir la chose.

Les heures s'écoulèrent donc dans un silence morose. À plusieurs reprises, Margiste rentra à pas feutrés dans la chambre obscure, feignant d'aller s'assurer de l'état de la malade. Toujours, elle en ressortait en affirmant que Berthe dormait, ou qu'elle était si faible que l'émotion des retrouvailles aurait pu lui faire grand mal. Aussi devait-elle, à son grand regret, recommander à Blanchefleur de ne pas entrer. La reine attendit patiemment jusqu'à l'heure du souper et, ayant mangé en compagnie de Pépin et du baronnage, elle revint après cela, dans l'espoir de voir sa fille. Mais Margiste, la payant de paroles trompeuses, l'en empêcha de nouveau, et la noble dame, après avoir attendu jusqu'à fort tard dans la nuit, dut se résoudre à s'aller coucher et à remettre sa visite au lendemain.

Deux jours durant, Margiste défendit à Blanchefleur l'accès de la chambre de la prétendue reine, sous des prétextes toujours renouvelés. Mais à la fin, la noble dame n'y tint plus et, se faisant accompagner de deux de ses suivantes, elle força l'entrée de la pièce, en dépit des efforts de la serve pour l'en empêcher. Margiste dut se résigner à laisser passer les trois Hongroises, mais elle ôta d'autorité des mains d'une des demoiselles la chandelle qu'elle avait apportée. Ce fut donc dans une obscurité presque totale que Blancheflcur s'approcha du lit dans lequel était couchée Aliste et en écarta les rideaux.

« Fille, dit-elle avec douceur à la forme allongée devant elle, c'est moi, votre mère. Je suis venue de Hongrie pour vous voir. Vous m'avez tant manqué ! Mais dites-moi, comment vous sentez-vous ? Êtes-vous très mal ?

– Mère, répondit Aliste dans un murmure, je suis si faible que je ne puis vous parler. De grâce, laissez-moi seule : j'ai besoin de repos. »

Mais répondre ainsi éveilla les soupçons de Blanchefleur. Celle-ci était persuadée que sa fille, même à demi morte, eût été heureuse de la revoir : la précipitation d'Aliste à vouloir se débarrasser d'elle lui fit soudain flairer la vérité.

« Ouvrez ces fenêtres ! cria-t-elle. Il y a là quelque merveille. Que l'on m'amène vite de la lumière ! »

Aliste, plus affolée que jamais, protesta avec une vigueur qui ne fit que la trahir davantage. Sur l'ordre de la reine, on eut tôt fait de laisser entrer la lumière du soleil et d'apportcr des candélabres allumés. La chambre étant désormais bien éclairée, Blanchefleur découvrit sur l'oreiller un visage fort semblable à celui de sa fille, quoique étonnamment peu altéré pour celui d'une malade. Mais ce ne fut pas suffisant pour la tromper, car la reine de Hongrie, désormais, en avait deviné beaucoup. D'un geste brusque, elle arracha les draps et les couvertures du lit, et les pieds d'Aliste, de petits pieds délicats et d'égale longueur, parurent. Alors Blanchefleur sut.

« Trahison ! cria-t-elle. Trahison ! Ce n'est pas là ma fille ! C'est Aliste, la fille de la serve ! Il y a supercherie ! »

Ces mots, comme bien on l'imagine, mirent en émoi toute la gent ancillaire, et des serviteurs coururent aussitôt aviser le roi Pépin de ce qui se passait. Le souverain se précipita vers la chambre de sa prétendue femme, stupéfait de ce qu'il apprenait.

« Que se passe-t-il donc ? demanda-t-il en pénétrant dans la pièce.

– Sire, lui dit la reine, ma fille n'est pas ici ! Celle-ci s'appelle Aliste, c'est la fille de Margiste. Elle ressemble à Berthe, mais ce n'est pas elle ! Je la reconnais bien : on ne trompe pas les yeux d'une mère.

– Comment est-il possible ? balbutia le roi en s'appuyant à un mur pour ne pas choir de saisissement. Est-ce vrai ?

– Nenni, sire, tenta Margiste. La reine de Hongrie perd la raison. Il ne faut pas ajouter foi à ce qu'elle raconte !

– Ah, chienne ! cria Blanchefleur. Sire roi, pouvez-vous penser que j'inventerais une histoire pareille ? Me croyez-vous folle ? Et tous ces artifices, cette maladie subite, cette chambre plongée dans le noir, ces prétextes pour ne pas me voir, tout cela ne fleure-t-il pas la félonie ? Ces scélérates ont imaginé tout ceci dans l'espoir de m'empêcher de dénouer leur trame de ruse ! Voyez Aliste : a-t-elle l'air d'une malade ? »

Pépin jeta les yeux sur celle qu'il avait prise jusqu'à ce jour pour sa légitime épouse. En vérité, Aliste n'avait pas l'air malade, mais terrifiée : sa pâleur et son mutisme ne parlaient pas en faveur de son innocence. Adonc Pépin se remembra le drame de sa nuit de noces, et la curieuse manière dont Margiste avait alors traité sa prétendue fille, son acharnement à l'empêcher de s'expliquer, et sa hâte de la voir disparaître. Plusieurs autres minces détails, des différences subtiles qu'il avait remarquées entre les manières de Berthe avant leur mariage et celles qu'il lui avait vues après, lui revinrent en mémoire. Il comprit, et s'empourpra de rage. La découverte de l'ignominieuse trahison changeait en haine tous les sentiments qu'il avait portés à Aliste.

« Orde putain ! s'écria-t-il. Infâme sorcière, vous m'avez engeigné ! Quand je pense que je vous pressais contre mon cœur pendant que la pauvre Berthe, ma légitime épouse, était livrée à des sicaires ! »

Entendant ces mots, Blanchefleur poussa un cri d'effroi et tomba, à moitié pâmée, à genoux devant le roi, dont elle agrippa les pieds en un geste désespéré.

« Ha, sire, gémit-elle d'une voix brisée, qu'est devenue ma fille ? Qu'a-t-on fait de ma belle, de ma douce petite Berthe ? Où l'a-t-on emmenée ? En nom Dieu, je vous en conjure : dites-moi qu'elle est saine et sauve !

– Las, dame, répondit le roi, poussant péniblement ses mots à travers une gorge serrée par l'horreur, je ne puis. »

Blanchefleur éclata en sanglots, navrée au cœur.

« Ah, se lamentait-elle en versant un torrent de larmes, je le craignais ! C'était donc le sens de ce songe cruel ! »

Le roi, lui-même ému aux larmes, tant par le désespoir d'une haute dame qu'il estimait et révérait que d'avoir livré à la mort sa propre épouse, s'agenouilla pour relever la reine et la confia aux mains de ses suivantes, en leur recommandant d'aller l'étendre dans la chambre qu'on lui avait attribuée. Les demoiselles hongroises la portèrent hors de la pièce, rompue et presque inanimée. Alors Pépin reporta sur Aliste et Margiste un regard de lion qui promettait mille morts. Le roi était petit et généralement fort affable, mais en de pareils instants, il était plus effrayant qu'un géant.

« Qu'on fasse venir immédiatement ce traître de Tibert, auquel dans ma folie j'ai remis mon épouse innocente, ordonna-t-il d'une voix blanche aux serviteurs accourus. Je dois boire jusqu'à la lie la coupe que je me suis préparée. Il me faut savoir ce qu'il a fait de sa dépouille et, s'il se peut, la retrouver pour lui donner la sépulture royale qu'elle mérite. Quant à ces deux garces, qu'on les surveille étroitement. Vous, Eudes, et vous, Jean, vous me répondrez d'elles sur vos vies ! Elles aussi, elles auront ce qu'elles méritent. »

Et sur ces paroles lourdes de menace, le souverain quitta la chambre. On eut tôt fait de traîner Tibert devant lui, et l'on jeta le serf aux pieds du faudesteuil sur lequel siégeait le roi, sous le dais de la grand-salle. Sommé de tout raconter, le misérable se mit à nier, à brailler qu'il ne savait rien, qu'il n'avait fait qu'obéir aux ordres du roi, qu'il était innocent. Pépin fut vite las de ses cris.

« Il suffit ! déclara-t-il. Je saurai bien vous arracher toute la vérité, à vous et à vos complices. Qu'on amène les serves, et que l'on mande mon bourreau. »

Aliste et sa mère furent traînées dans la grand-salle, que le bourreau, personnage inquiétant muni des différents instruments de sa profession, venait de rejoindre. Tibert suait de peur. Le triste personnage était aussi pusillanime que félon, et seule la certitude qu'il signerait ainsi son arrêt de mort l'avait empêché jusque-là de tout révéler du complot. Voyant entrer Margiste, il tourna vers elle un regard où la terreur se mêlait à un vague espoir, car il savait cette dernière plus rusée que lui, et attendait d'elle quelque expédient qui les sauvât tous trois. Mais à la vérité, Margiste n'en menait pas large, et son sac à malice était à peu près vide. Elle eut pourtant assez de fermeté d'âme pour tenter, une nouvelle fois, de se disculper :

« Sire roi, dit-elle, ne vous laissez pas berner par des histoires sans queue ni tête : celle que vous voyez là est bien votre légitime épouse Berthe.

Comment pouvez-vous en douter ? Auriez-vous été abusé pendant neuf longues années, vous qui êtes si clairvoyant ? Cela n'est pas pensable ! Songez que cette dame vous a servi de bon cœur et vous a donné deux enfants : vous ne pouvez vous détourner d'elle pour une semblable folie ! Je crois que ma dame Blanchefleur a été enchantée : c'est quelque prestige qui l'engeigne, quelque maléfice qui la fait parler de la sorte !

– Taisez-vous, mégère ! rétorqua Pépin avec fureur. Vous avez bien de l'audace, pour médire de la sorte d'une des plus vertueuses dames du monde. Mais puisque vous n'avez pas voulu confesser votre crime de votre plein gré, je connais quelqu'un qui vous fera chanter d'autre martin. Bourreau, commence donc par elle, car je crois bien qu'elle est l'instigatrice de tout ! »

Le bourreau ne se fit pas prier pour exercer son emploi. J'aime autant ne pas m'étendre sur la façon dont il en usa, et je pense que vous non plus n'êtes sans doute point trop désireux d'entrer dans ces détails, mais pour vous conter les choses en peu de mots, il immobilisa les mains de Margiste dans un étau et entreprit de les lui broyer. La serve ne put résister bien longtemps à la souffrance d'un tel traitement : elle eut tôt fait de demander grâce, promettant qu'elle avouerait. Aussi le bourreau la libéra-t-il de son cruel instrument et, d'une voix qu'altérait la douleur, elle raconta tout : comment Tibert, Aliste et elle s'étaient abouchés pour substituer Aliste à Berthe, comment elle avait su convaincre la reine d'échanger, lors de la nuit de noces, sa place avec celle de sa sœur bâtarde, et comment celle-ci, le matin venu, s'était elle-même frappée d'un couteau à la cuisse, pour faire accuser Berthe d'avoir voulu l'occire. Enfin, elle révéla comment elle avait exigé de Tibert qu'il lui ramenât le cœur de Berthe, cœur dont elle s'était ensuite défaite en le jetant aux chiens.

« Comment ? s'écria alors Pépin, horrifié. Ce cœur que vos mains cruelles ont arraché, il ne me sera même pas permis de l'ensevelir chrétiennement ? Comment avez-vous pu ourdir si hideux méfait contre celle qui était votre maîtresse et votre bienfaitrice ? Vous avez tous les trois mérité un châtiment exemplaire, et je m'en vais vous faire périr d'une telle manière que l'on en parlera encore dans cent ans !

– Ah, sire, pitié ! implora Tibert en tendant vers le souverain des mains suppliantes. Je vais vous dire quelque chose que même Margiste ignore : ce cœur qu'elle a jeté aux chiens n'était pas celui de Berthe ! Je ne l'ai pas tuée, Majesté, de cela au moins je suis innocent ! »

Le cœur de Pépin se mit à battre à tout rompre dans sa poitrine, aiguillonné par une soudaine espérance.

« Mais alors qu'en as-tu fait ? demanda-t-il. Est-elle en vie ? Et ce cœur, d'où provenait-il ? Dépêche-toi de tout me dire ou, j'en jure par le corps saint Denis, je te ferai écorcher tout vif !

– Je vais tout vous dire, sire. Voici ce qui s'est passé : lorsque les trois sergents et moi-même sommes arrivés avec la reine dans la forêt du Mans, où nous devions l'exécuter, nous n'en avons pas eu le cœur. Alors nous avons détaché ses liens, et nous l'avons laissée s'en aller. J'ignore ce qu'elle a pu devenir depuis. Quant à nous, nous avons repris le chemin de Paris, et en cours de route, nous avons acheté dans une ferme un jeune cochon de lait : c'est son cœur que nous avons remis à Margiste, en lui faisant croire qu'il s'agissait de celui de la reine. »

La serve toisa son cousin avec dégoût, tandis que Pépin le dévisageait en silence, hésitant à le croire.

« Si ce que tu dis est vrai, finit-il par déclarer, tu as bien agi en l'occurrence, et si cela ne l'efface pas, cela atténue quelque peu la noirceur de ta trahison. Mais si vraiment tu avais des remords, pourquoi n'avoir pas ramené Berthe et dénoncé Aliste ? Tu aurais ainsi réparé ta faute. Je t'aurais récompensé, non pas puni. Et comment se fait-il, si tu dis vrai, que Berthe ne soit pas revenue auprès de moi ?

– Comment le saurais-je ? répondit Tibert avec embarras. Peut-être a-t-elle eu peur de revenir.

– Sire, intervint le sage Amaury de Bourgogne, un bon moyen de tirer cette affaire au clair serait de questionner les trois sergents, s'ils sont toujours de votre mesnie. Eux n'ont pas de raison de vous mentir : ils vous diront la vérité.

– Vous parlez d'or, messire duc, mais je ne sais pas au juste quels étaient ces trois sergents. Comment s'appelaient-ils, Tibert ?

– Sire, cela fait bien longtemps, répondit le serf, qui n'avait nulle envie d'une telle confrontation. J'ai oublié leurs noms.

– Mais moi pas ! déclara un des hommes d'armes présents aux portes de la salle, en s'avançant. Je me souviens bien de ce jour, sire : c'étaient les fêtes de votre mariage, et juste après les noces, mon compère Godefroy a dû s'absenter plusieurs jours pour une mission, alors qu'il me devait de l'argent. Je l'ai cherché dans tous les coins, jusqu'à ce que j'apprenne qu'il était parti avec Morin et Régnier.

– Dieu bénisse ta mémoire, ami ! dit le roi. Qu'on fasse vite venir ces trois hommes ! »

Peu après, Godefroy, Régnier et Morin paraissaient dans la grand-salle. Questionnés sur les événements de la forêt du Mans, ils rapportèrent fidèlement tout ce qui était arrivé, ainsi que je vous l'ai jà conté. Les mensonges de Tibert furent donc découverts, et chacun put juger qu'il avait tenté de se donner le beau rôle. Le roi lança au scélérat un regard méprisant, mais ne s'abaissa pas à lui adresser un mot de plus.

« Puisque Berthe a pu, grâce à vous trois, dit-il aux bons sergents, échapper aux griffes de cette canaille, elle doit être saine et sauve quelque part. Vous qui êtes les derniers à l'avoir vue, n'avez-vous pas une idée de ce qu'elle a pu décider de faire ? N'a-t-elle rien dit qui pourrait vous le faire deviner ? »

Les hommes d'armes baissèrent la tête, bien penauds, et plus que marris de devoir affliger leur roi par leurs paroles.

« La reine n'a rien dit de la sorte, répondit tristement Morin. Dès que je lui eus enlevé son bâillon et ses liens, elle s'enfuit sans demander son reste. Ah, sire, si nous avions pu savoir qu'elle était votre véritable épouse, jamais nous ne l'aurions laissée partir seule dans ce bois, et nous aurions taillé Tibert en pièces plutôt que de le laisser la menacer.

– Vous eussiez bien fait, en vérité ! Mais je m'étonne fort qu'aucune nouvelle de la reine ne nous soit parvenue depuis. Certes, je comprends qu'elle n'ait pas eu envie de revenir à Paris après la façon dont je l'avais traitée. La pauvrette a craint pour sa vie, assurément ! Mais en ce cas, que n'a-t-elle cherché à regagner sa Hongrie natale ?

– Il y a des abbayes près de la forêt du Mans, suggéra le duc Amaury. Peut-être la dame, se voyant privée de son époux, a-t-elle relenqui le siècle et pris l'habit dans une de ces saintes demeures ? On la disait très pieuse, ce me semble.

– Mais oui ! s'écria le roi, s'accrochant de toutes ses forces à ce mince espoir. Amaury, vous avez raison : ce doit être cela ! Il ne nous reste qu'à faire fouiller les abbayes qui entourent le Mans pour la retrouver. »

Mais cette espérance ne gagna pas les trois sergents. Morin soupira et dit, à contrecœur :

« Hélas, sire, je n'y crois guère. Nous avons laissé la reine au plus profond de la forêt du Mans, forêt qui est infestée de loups, d'ours et d'autres bêtes sauvages. J'ai grand peur que... »

Le cœur manqua au brave homme : il ne put terminer sa phrase, mais chacun en avait compris le sens. Pépin baissa lentement la tête, comme accablé par le poids d'une montagne. Alors ses espoirs se dissipèrent, ne laissant en leur lieu et place qu'un chagrin diffus et l'écœurement que suscite un immense gâchis.

« Nous ne pouvons plus rien pour elle, conclut-il sombrement. Elle a sans doute reçu piéça consolation et récompense auprès du Souverain qui ne supporte aucune injustice. Mais si je n'ai pas pu protéger l'innocence, au moins puis-je châtier la perfidie. Barons ! Dites-moi, vous qui me devez aide et conseil, comment dois-je punir ces trois traîtres ? »

Ce fut une clameur unanime qui s'éleva parmi les rangs des hauts hommes :

« La mort ! La mort ! réclamait-on à grands cris. Roi, si tu as pitié d'eux, malheur à qui te servira davantage ! »

La scélératesse des trois félons, l'ingratitude qu'ils avaient témoignée à qui les avait comblés de bienfaits, la cruauté de leur plan et l'idée insoutenable du trépas de la jeune reine innocente soulevaient une ire terrible. Lorsque le calme se fut un peu rétabli, on discuta de cette sentence. Non pas, certes, pour la contester, mais tout simplement pour savoir comment on ferait périr les coupables. Il fut vite résolu que Tibert serait traîné derrière des chevaux, puis pendu au gibet de Montfaucon. Quant à Margiste, en qui chacun s'accordait à reconnaître la principale ouvrière du complot, on la condamna à être brûlée vive.

Mais quand il fallut décider du sort d'Aliste, quelques hésitations se firent jour. Certes, elle n'inspirait pas moins de courroux que ses complices, et le souvenir de sa rapacité ajoutait à la haine qu'on lui portait. Mais, malgré tout, elle était mère de deux enfants royaux, et c'était là chose que l'on devait prendre en compte. Beaucoup demandaient cependant qu'on la fît périr, et le roi Pépin, en son for intérieur, approuvait ces voix, mais Amaury de Bourgogne, avec la mesure et le bon sens dont il était coutumier, soutint un avis contraire :

« Sire, Aliste a certes amplement mérité la mort. Mais toute criminelle qu'elle soit, elle vous a donné deux fils, et vous vous chargeriez d'un lourd péché en faisant détruire la mère de vos enfants. Songez que vos fils sont innocents, eux, et que penseraient-ils si leur mère était exécutée ? Peut-être leur prendrait-il désir, quelque jour, de la venger, sinon sur vous, du moins sur les barons qui vous ont conseillé. Ce pourrait être fort dommageable au royaume, et qu'y a-t-il de plus triste que de voir le père et le fils s'entredéchirer ? C'est pourquoi, si vous m'en croyez, vous ne ferez pas mourir Aliste. Vous l'enfermerez en quelque lieu isolé du siècle, où elle vivra recluse jusqu'à la fin de ses jours. Si Dieu lui donne le repentir, qu'elle y prie donc pour vous, pour le salut de l'âme de Berthe et pour le pardon de ses propres fautes ! »

Ces paroles ébranlèrent la résolution des plus hargneux, et plusieurs des prudhommes d'âge et d'expérience, de ceux dont l'avis pesait lourd au sein du conseil, se rangèrent à son opinion.

« Eh bien soit, dit le roi. J'aurais volontiers fait brûler cette garce, mais je vais suivre votre conseil. C'est le meilleur, je suppose, comme à l'ordinaire. »

Entendant cela, Aliste vint se jeter aux pieds du roi et lui adressa cette supplique :

« Pour l'amour de Dieu, sire, accordez-moi un don ! Laissez-moi entrer à l'abbaye de Montmartre : je voudrais y prendre le voile. Et si vous attachez quelque prix aux enfants que je vous ai donnés, et qui sont bien les vôtres, j'en jure par les Saintes Plaies et la Lance, si vous les aimez quelque peu, témoignez-moi, de grâce, quelque ménagement ! Laissez-moi les emmener, et emporter au cloître l'avoir que j'ai amassé : j'en userai à leur profit, pour les élever. Enfin, quand ils seront en âge, je vous les renverrai : faites-les chevaliers, trouvez-leur des épouses et donnez-leur des fiefs. C'est tout ce que je demande. »

À vrai dire, c'était beaucoup demander, et bien des barons s'offusquèrent de l'outrecuidance de cette criminelle qui, au moment de recevoir son châtiment, avait le front de quémander et de plaider. Mais le roi Pépin, soit qu'il gardât pour celle qui avait partagé sa couche presque neuf ans durant un reste de tendresse, soit qu'au contraire elle lui fût devenue si odieuse qu'il préférât assentir à ses demandes plutôt que de prendre la peine de discuter, accepta sans barguigner, avant d'ordonner que l'on ôtât sur le champ Aliste de sa vue.

Il commençait à se faire tard, et l'exécution de la sentence fut remise au lendemain. Le roi alla trouver Blanchefleur, qui s'était quelque peu remise de ses émotions, et par souèves manières de parler, lui raconta l'interrogatoire et le jugement. Faut-il s'étonner si elle en fut durement affectée ? Certes, depuis la découverte de la substitution, elle ne croyait plus guère à ses chances de retrouver sa fille vivante, mais le cœur d'une mère caresse toujours quelques espoirs, même s'ils sont profondément enfouis, et voir ces espoirs anéantis meurtrissait cruellement la reine. Les confortatives paroles de Pépin n'y firent rien : paroles confortatives ont-elles jamais pesé quelque chose face à la mort de ceux qu'on aime ? La dame, malgré toute la foi et l'espérance qui habitaient son âme noble et élevée, ne put garder sa contenance. Elle qui eût affronté sa propre mort avec une stoïque et chrétienne fermeté se répandit pour sa fille en plaintes déchirantes :

Ma chère enfant, que ton trépas me blesse !
Je n'aurai plus de joie, en vérité.
Je ne ressens plus que dol et tristesse.
Le monde entier me semble enténébré,
Et le soleil privé de sa clarté.
Dame Fortune m'a ravi la liesse,
En me prenant l'objet de ma tendresse,
Né de ma chair, ma douce fille Berthe !

Ma chère enfant, ma petite princesse,
Tu l'emportais en générosité
Sur le célèbre Alexandre de Grèce !
Ce n'était point ta seule qualité,
Mais qui saurait célébrer ta piété,
Ta courtoisie et ta grande sagesse ?
Tu ignorais vilenie et bassesse.
Le monde a fait une cruelle perte !

Mort, vile Mort, tu m'as brisé le cœur !
Ne devrais-tu réserver le trépas
Aux scélérats sans bonté ni honneur,
Et aux vieillards, que tu ne surprends pas ?
Mais tu es plus traitresse que Judas,
Car tu saisis les bons, dans la fraicheur
De la jeunesse, au comble du bonheur,
Sans t'annoncer ni leur donner d'alerte !

Pauvre roi Floire, aurai-je la douleur
De de te priver à jamais de soulas,
En t'annonçant un si affreux malheur ?
Car je sais bien que, quand tu apprendras
Que plus jamais tu n'auras dans tes bras
Ta noble fille à la fraîche couleur,
Cette nouvelle te coûtera maint pleur !
Je voudrais taire si triste découverte !

Il me faudra vivre sans allégresse,
Jusqu'à ce que vienne ma fin. Hélas !
Cruelle Mort, injuste et félonnesse,
Que ne viens-tu me chercher à grands pas ?
Tu feras bien lorsque tu me prendras :
Je souffre tant du chagrin qui m'oppresse
Que j'aimerais succomber de faiblesse
Et m'en aller au ciel retrouver Berthe !

Le roi Pépin, contemplant tant d'affliction avec impuissance, prodigua de son mieux à Blanchefleur ces consolations qui, si elles peuvent au premier abord paraître vaines, finissent parfois, au bout d'un long moment, par démailler le haubert de dol pour y faire entrer le réconfort. Ils passèrent ainsi tous deux la soirée ensemble, devisant au sujet de la disparue.

Le lendemain, Margiste et Tibert furent tirés de leurs geôles pour subir le châtiment qu'avait mérité leur crime. À quoi bon m'étendre sur ce sujet ? La serve fut jetée dans un bûcher, où elle se consuma en hurlant, et le vent dispersa ses cendres. Quant à Tibert, après avoir été traîné jusqu'à Montfaucon, il fut pendu haut et court, et son corps laissé au gibet, se balançant lugubrement, en guise d'avertissement aux traîtres. Aliste s'en tira à meilleur compte : elle fut conduite avec ses enfants à l'abbaye de Montmartre, suivie par une file de chariots contenant sa fortune mal acquise, et sur son passage, les petites gens la maudissaient d'excellent cœur.

Justice ayant été rendue, Blanchefleur ne souhaita pas séjourner plus longtemps au royaume de France. Naturellement, il n'était plus question pour elle de ramener en Hongrie un des deux princes, ceux-ci ne lui appartenant en rien par le sang. Elle quitta donc bientôt Paris, après un séjour aussi bref que les convenances le permettaient. Pépin l'accompagna sur quelques lieues avec une partie de sa mesnie, puis ayant courtoisement pris congé d'elle, il reprit la direction de la cité.

IV
Chasse à courre

L'autrier en une praele
Trouvai pastore chantant ;
Mult fu avenant et bele
Et cortoise et bien parlant.

(Pastourelle anonyme)

Ayant quitté le roi de France, Blanchefleur regagna tristement la Hongrie, où l'attendait Floire son époux, dont elle devait fendre le cœur par les nouvelles qu'elle rapportait. Mais cette haute et excellente dame sort à présent de notre récit, et c'est de Pépin qu'il me faut désormais vous parler.

De retour à Paris, le roi fit aussitôt mander Morin, Godefroy et Régnier. Ce ne fut pas sans inquiétude que ceux-ci se présentèrent devant lui, craignant qu'il ne voulût les punir à leur tour pour le rôle qu'ils avaient joué dans la disparition de Berthe. Telle n'était pas, cependant, l'intention du souverain. Si ce dernier avait renoncé à l'espoir de retrouver son épouse vivante, il n'avait pas abandonné celui de découvrir sa dépouille, et de lui donner une sépulture chrétienne. Aussi dit-il aux gens d'armes :

« C'est vous qui avez conduit la reine dans la forêt du Mans : nul mieux que vous ne pourrait savoir dans quelle partie des bois elle a été abandonnée. Je veux donc que vous retourniez dans cette forêt pour en fouiller les alentours à la recherche de ce qui peut rester d'elle : même les bêtes les plus voraces ne dévorent pas leur proie entière. Si vous me rameniez ne serait-ce que quelques ossements, au moins pourrais-je leur faire ériger un tombeau, en l'abbaye de Saint-Denis.

« Questionnez les habitants des alentours, les paysans, et tous ceux qui sont amenés à se rendre dans les bois pour leurs affaires : les bûcherons, les charbonniers, les ermites, les porchers qui mènent leurs bêtes à la glandée, même les brigands s'il le faut. Peut-être l'un d'entre eux a-t-il retrouvé le corps ? Peut-être a-t-elle jà été enterrée comme une vagabonde, sous un tas de pierres ? Je sais bien qu'au fond, les chances d'apprendre quelque chose à son sujet sont minces. Mais il n'importe : j'ai le devoir d'essayer, et vous êtes tout désignés pour m'y aider.

– Sire, répondirent les sergents, c'est le moins que nous puissions faire pour réparer notre faute envers la reine. Faites-nous confiance : nous retournerons chaque feuille de cette forêt si nécessaire. »

S'étant engagés de la sorte, les trois hommes d'armes prirent la direction du Mans. Parvenus dans la forêt, ils se fièrent à leur mémoire pour retrouver l'endroit où ils avaient vu Berthe pour la dernière fois. Ce n'était pas chose aisée : neuf années s'étaient écoulées, émoussant les souvenirs et faisant croître les branches. Du reste, les seuls points de repère qui pussent aider nos trois sergents étaient les arbres, et rien ne ressemble autant à un arbre qu'un autre arbre.

Enfin, après beaucoup de peine, ils estimèrent, à tort ou à raison, avoir retrouvé l'endroit. Partant de là, ils s'efforcèrent de déterminer quels étaient les hameaux et les demeures les plus proches, et en questionnèrent les habitants. Ces efforts n'ayant rien donné, ils élargirent leurs recherches. N'épargnant pas leur peine, ils parcoururent en tous sens la forêt et ses environs, interrogeant tous ceux qu'ils rencontraient, et ceux qui, même s'ils ne demeuraient pas à proximité, avaient pu être amenés à se rendre dans les bois au moment des faits.

Le bruit que trois envoyés du roi de France fouillaient les alentours à la recherche de renseignements sur la reine Berthe, disparue dans le bois plus de neuf ans auparavant, se répandit inellement, et il finit par parvenir aux oreilles de Simon le voyer, lequel fut troublé de l'entendre : cela lui rappelait par trop les circonstances dans lesquelles il avait rencontré sa jeune protégée.

Peut-être pensez-vous que le voyer, pour ne pas aussitôt être sûr de la vérité, dut manquer de perspicacité. Mais il n'était pas facile, pour un humble officier du roi, d'admettre qu'il eût pu abriter pendant des années sa souveraine sous son toit sans en rien savoir. Du reste, si Berthe était reine de France, pourquoi ne le lui eût-elle pas dit ? Dans un premier temps, Simon se contenta donc de s'ouvrir à sa femme de ses doutes, et tous deux résolurent de parler à Berthe. Ils la prirent à part un matin, tandis qu'Isabeau et Aiglente étaient sorties pour laver du linge.

« Berthe, commença Simon, nous avons eu vent d'une nouvelle qui se répand dans le voisinage : trois messagers du roi fouillent la forêt et ses alentours à la recherche des traces de la reine, la femme du roi Pépin. On nous a rapporté qu'il y a de cela neuf ans, après sa nuit de noces, elle a été emmenée loin de la cour, suite à une trahison, par des hommes d'armes qui avaient l'ordre de la mettre à mort. Ces hommes l'ont conduite dans cette forêt, mais ils n'ont pu exécuter leur dessein, et ils l'y ont abandonnée. Or, c'est à cette époque-là que je vous ai trouvée seule dans le bois. Alors si vraiment vous êtes la reine Berthe, je vous supplie de nous le dire : vous n'avez rien à craindre, et vous pourrez retrouver votre place. »

La noble dame fut prise de saisissement en entendant ce discours, mais elle avait l'esprit vif et elle sut masquer son trouble, ne laissant transparaître que de l'étonnement. Car Berthe n'eût pas voulu violer, pour un empire, le vœu qu'elle avait fait à Notre Seigneur de ne jamais révéler son identité. La découverte de l'imposture d'Aliste ne changeait rien à ses pieuses obligations. Elle s'était résolue à mener une vie de contrition et d'humilité, loin des tentations de l'orgueil, pour complaire à Dieu et lui rendre grâce d'avoir sauvé sa vie, et sa détermination restait intacte. Aussi répondit-elle en éclatant de rire, avant d'affirmer avec un parfait aplomb :

« Vous vous gaussez, je crois ! Moi, reine de France ? Allons donc ! Vous devez plaisanter ! Si j'étais reine de France, pourquoi ne le dirais-je pas ? Aurais-je passé neuf années sous votre toit, sans jamais chercher à regagner mes honneurs ? Cela n'a ni queue ni tête, ami : je ne suis que la petite Berthe, l'ouvrière d'Alsace ! »

Le rire de la dame se communiqua bien vite à Simon et Constance, qui furent prompts à trouver leurs soupçons ridicules et à les oublier entièrement, après quoi il ne fut plus question de cette affaire dans la maison du voyer.

Qu'en fut-il, vous demanderez-vous, de Morin, Godefroy et Régnier ? Leurs recherches demeurèrent entièrement vaines, et nul ne sut leur fournir le moindre indice. Aux environs du Mans, personne ne faisait le rapprochement entre la reine Berthe et celle qui demeurait chez Simon le voyer, car ce dernier, afin de la protéger des assiduités des jeunes gars du pays, qui avaient bien remarqué sa beauté, la faisait passer pour sa nièce. Aussi, personne n'eut l'idée de recommander aux trois sergents d'aller la voir, et ce fut grand dommage, car ils l'eussent alors certainement reconnue. Les malheureux, après avoir remué ciel et terre, moins dans l'espoir d'une récompense que parce qu'ils étaient de braves gens et se sentaient bien coupables de n'avoir pas fait davantage pour leur reine, finirent par se lasser et, la mort dans l'âme, revinrent à Paris les mains vides, pour annoncer leur échec au roi.

Pépin en fut affligé, bien qu'il eût su ne pas devoir fonder trop d'espoirs sur cette expédition. Il soupira, persuadé désormais qu'il ne lui restait plus qu'à oublier Berthe. Quant aux trois sergents, ils quittèrent son service et ne demeurèrent pas plus longtemps au royaume de France. Pour obtenir le pardon de leurs fautes, ils prirent la croix et entreprirent de passer outre-mer pour visiter la Terre sainte. Le voyage de Jérusalem était long et difficile, et l'on n'en revenait pas toujours. Il advint que Godefroy et Régnier y moururent, et que Morin en revint seul. Mais notre récit, à présent, se tait de lui.

Ainsi donc, le bon roi Pépin, convaincu qu'il ne reverrait jamais Berthe ni n'apprendrait plus rien d'elle, prit le deuil. Les jours puis les mois s'écoulèrent. Les barons commencèrent alors à reparler au souverain de mariage, lui disant :

« Sire, il y a bien des ans que la reine Berthe est morte, combien que vous ne l'ayez appris que récemment. Le temps du deuil est amplement passé : vous pouvez sans impiété vous chercher une autre épouse. Songez que les deux enfants issus de votre union avec la serve sont bâtards : sans doute, ils seront de bons chevaliers, mais ils ne peuvent hériter de la couronne. Vous devez donner à votre trône un héritier légitime, sans quoi, lorsque vous quitterez le siècle, il y aura grande pitié au royaume de France. »

Mais à toutes ces excellentes raisons, le roi répondait toujours :

« Seigneurs, c'est pour mon malheur que je me suis marié : mon épouse n'a pas même partagé ma couche durant la nuit des noces ! Telle méchéance advint-elle jamais à une reine ? Selon le mien cuider, il n'est pas dans la volonté de Dieu de me donner des enfants légitimes. Je prends en gré ce qui vient de lui et je lui rends grâce du bien comme du mal, mais me remarier, je ne le puis : plus jamais je ne prendrai femme. »

Et contre cette résolution, toutes les tentatives des barons qui lui faisaient miroiter les riches domaines accompagnant la main d'héritières fortunées, tous les efforts des ménestrels qui lui chantaient les attraits des belles demoiselles restaient sans effet.

Le roi avait pour coutume de tenir sa cour en des lieux divers : il allait d'une ville à l'autre, d'un château à l'autre, recevant l'hospitalité et les services que ses vassaux lui donnaient, et veillant ainsi à maintenir la paix et l'ordre dans les terres mouvant de sa couronne. Or, cette année-là, Pépin alla passer la Pentecôte dans la cité du Mans, dont les bourgeois avaient alors la charge de l'entretenir, ainsi que sa mesnie.

L'accueil que le souverain reçut des Manceaux fut en tous points sans reproche, et il ne trouva chez ses féaux nul motif de contrariété. Pépin restait cependant morose, ruminant la perte qu'il avait faite. Mais l'humaine nature veut que même la douleur la plus vive finisse par s'atténuer, et sans doute est-ce là une des grâces que Dieu, dans sa miséricorde, nous a accordées : le temps guérit toute peine. Aussi, en pénétrant un beau matin dans le verger attenant au palais qu'il occupait au Mans, alors que les branches se couvraient de feuilles d'un vert tendre, que les oiseaux pépiaient gaiement et que brillait le doux soleil de mai, le roi se sentit soudain de meilleure humeur qu'il ne l'avait été depuis bien des semaines. L'envie lui prit de s'esbanoyer dans les prés et les bois d'alentour : il décida d'aller chasser le cerf dans la forêt du Mans.

Peu après, le souverain quittait la ville en compagnie de quelques chevaliers, d'un de ses pages et de veneurs conduisant une meute d'excellents lévriers. Les champs de blé doré s'étendaient de part et d'autre de la ville. Des paysans s'affairaient à leurs travaux. Des brebis paissaient dans les prés, sous la garde de jeunes bergères dont certaines, dans la douceur printanière, rêvaient plus à leurs galants qu'elles ne se souciaient de leurs bêtes. À l'horizon verdoyait la lisière de la forêt. Aux yeux de Pépin, la Création tout entière semblait ce jour-là exulter de bonheur, et cela lui donna envie d'écouter quelque joyeuse chanson. Il lança donc à son page, le fils d'un chevalier d'Anjou, qui avait une voix de rossignol :

« Chante-nous donc quelque chose, Raymond.

– Comme vous voudrez, sire. Je connais justement une pastourelle qui vous plaira, je pense. »

Et, sur un air enjoué, le varlet entonna :

Un beau jour, à la reverdie,
Quand les oiseaux chantent gaiement,
Quand fleurit la rose jolie,
J'allai chevaucher, nez au vent,
Et je trouvai une bergère,
Assise en un val solitaire,
Gardant ses moutons tout en laine
Auprès d'une claire fontaine.
Elle me plut - pourquoi le taire ?-
Car elle n'était point vilaine.

« Belle, lui dis-je, écoutez-moi !
Vous êtes si jeune et jolie
Que mon cœur en a grand émoi.
Voulez-vous être mon amie ?
Je suis le fils d'un noble sire.
Mon cœur ne veut que vous pour mire.
Venez en la forêt fleurie
Où nous pourrons, sans vilenie,
Faire ce qui n'est pas à dire.
Sachez qu'on ne nous verra mie. »

« Chevalier, me répondit-elle,
J'ai un ami nommé Jeannot.
Sachez que je lui suis fidèle.
Certes, il est un peu lourdaud.
S'il vous voit me conter fleurette,
Le pauvret en perdra la tête.
Partez donc d'ici au plus tôt,
Vous vous trouveriez bien penaud
S'il venait avec sa musette,
Son bâton et son chien Faraud. »

« Belle, je ne crains pas ce rustre.
Voyez sur mon poing cet autour,
Dont les plumes ont tant de lustre :
Si vous me donnez votre amour,
Je vous l'offrirai à l'instant.
Consentirez-vous, à présent ?
Il n'est pas de courtois atour
D'étoffe de Rocamadour
Dont je ne vous fasse présent,
Si vous me suivez pour un tour. »

« Beau chevalier, je n'en ai cure,
De cet oiseau tout maigrichon.
J'aimerais mieux qu'on me procure
Un poulet ou un gras chapon,
Ou une poularde ou une oie.
Quant à vos vêtements de soie,
Je vous répondrai sans façon
Que mon habit est assez bon :
Je ne tirerai nulle joie
De le changer pour un tel don.

« Belle, vous vous montrez si sage
Que, je le vois, je parle en vain.
À mon avis, c'est grand dommage
Que vous aimiez tant un vilain.
Tant pis, aimez à votre guise :
Je vous laisse à sa balourdise. »
Adonc je laissai la bergère
Tresser des fleurs de primevère,
Tout en regrettant sans feintise
Qu'elle ne fût pas plus légère.

Le roi et ses compagnons ayant complimenté le page sur son
chant, ils ne tardèrent plus guère à atteindre l'orée de la forêt. Ils se
mirent alors en chasse, se fiant au flair de leurs limiers pour découvrir
quelque piste. Moins d'une heure après leur entrée dans le sous-bois,
les chiens se mirent à japper d'excitation, flairant une proie. Ils eurent
tôt fait de lever un cerf, superbe bête à la ramure imposante, qui détala
pour tenter de leur échapper.

Adonc, brochant leurs chevaux des éperons, les chasseurs s'élan-
cèrent à la poursuite de ce gibier de choix, en sonnant allègrement du
cor. Mais l'animal était vite, d'une étonnante endurance, et bondissait
par-dessus les fourrés avec tant d'agilité que les chiens ne parvenaient
pas à le saisir. Les cavaliers du roi, brandissant leurs épieux, ne pouvaient
l'atteindre, et ils se virent même peu à peu distancés. Seul Pépin, étant
mieux monté et plus léger que les autres, continuait à talonner sa proie,
sans réussir cependant à la férir.

La poursuite dura tant que les gens du roi le perdirent de vue.
Les chasseurs avaient beau scruter les arbres, ils n'apercevaient plus leur
seigneur, et même le son de son cor se faisait de plus en plus faible et
lointain. Enfin, même ce son ne leur fut plus audible, et les chevaliers,
dépités, arrêtèrent leurs coursiers écumants et échangèrent des regards
embarrassés : ils avaient perdu le souverain.

Pépin, quant à lui, n'avait rien remarqué et persistait à pourchasser
la bête avec acharnement. Son cheval, qui montrait des signes de fatigue
et perdait jà du terrain, trébucha sur une racine et faillit tomber. Le cerf,

se jetant parmi un massif de fougères, en profita pour disparaître aux yeux du roi, qui fut incapable de retrouver sa trace. Il s'aperçut alors qu'il était seul, loin de tout chemin et, somme toute, égaré.

Ce prédicament n'avait certes rien de plaisant, mais il était infiniment moins désagréable pour un roi vaillant et vigoureux, doté d'un bon coursier et armé de surcroît, que pour une jeune femme à pied et sans protection. Pépin se savait de taille à affronter tous les périls que pouvaient représenter hommes ou bêtes, et il ne doutait pas qu'en s'efforçant de revenir sur ses pas, il finirait par atteindre la lisière du bois. Chevauchant au petit trot, il ne tarda pas à goûter le calme de cette sylve verdoyante, pleine de pépiements de loriots, de merles et de geais, que le printemps avait ornée de fleurs. Il se surprit même à fredonner avec entrain l'air de la pastourelle qu'il avait entendu chanter par le jeune Raymond.

Comme il venait de redécouvrir un sentier et de s'arracher à l'embarras des buissons touffus, il entendit une voix qui, non loin de lui, prononçait des paroles qui lui restaient inintelligibles. Mais s'il n'en distinguait pas les mots, cette voix fut douce à ses oreilles et il résolut d'en trouver la provenance. Sans doute, songeait-il, le renseignerait-on sur le chemin à suivre. Il suivit donc cette voix, qu'il trouvait plus musicale et plus charmante à chaque pas de son cheval. C'était une voix de femme, à n'en pas douter, et le roi se prit à penser que les sirènes, qui avaient essayé de charmer le rusé Ulysse, devaient en avoir de semblables.

Les sages clercs, qui s'entendent à interpréter la signification des bêtes comme des monstres, soutiennent que la sirène représente le Malin qui, tout comme elle attire les marins par son chant pour les faire périr dans les flots, s'efforce d'attirer à lui les hommes à l'aide des prestiges et des séductions de ce monde transitoire, afin de les entraîner en perdurable mort. Si c'est bien là ce que représente la sirène, il faut convenir que celle dont la voix s'élevait dans le sous-bois ne méritait nullement de lui être comparée, car lorsque le roi Pépin la découvrit, elle était agenouillée au pied d'une de ces grandes croix de bois que l'on érige aux carrefours et priait, si absorbée dans ses dévotions qu'elle n'entendit pas le roi venir.

Pépin resta bouche bée, frappé par la piété de l'orante et n'osant l'arracher à ses dévotions en signalant sa présence. Mais son cheval, qui n'avait pas de tels scrupules, piaffa soudain bruyamment et la femme, surprise, se retourna en sursaut. Elle était fort belle. Sa coiffe laissait deviner les cheveux d'or qui encadraient son front pur et bien dessiné, et ses yeux, qu'agrandissait l'étonnement, étaient clairs et vifs. Le roi se perdit un moment dans la contemplation de son beau visage, de son corps gracieux qui semblait fait au moule. Il ne lui trouva qu'un seul défaut, c'est qu'un de ses pieds était plus grand que l'autre.

Comment Pépin ne reconnut-il pas Berthe ? Les neuf ans qui s'étaient écoulés depuis leur dessevrée ne suffisent pas à l'expliquer, mais la vérité est hélas des plus simples : si épais sont les voiles que la richesse et la gloire mettent sur nos yeux que Pépin ne reconnut pas l'altière princesse hongroise dans les habits d'une humble campagnarde. Tout au plus remarqua-t-il qu'elle avait quelque ressemblance avec l'usurpatrice dont il avait partagé la vie. En fait, le roi était tellement persuadé de la mort de sa femme que la vérité ne lui vint pas à l'esprit.

Pourtant, il s'agissait bien de Berthe, qui venait tous les jours s'agenouiller au pied de cette croix afin d'y prier longuement pour ses parents et pour son époux. Mais le croirez-vous ? Elle non plus ne le reconnut pas. Était-ce parce que les années passées, au cours desquelles il avait enduré maints soucis, batailles et fatigues dont le tempérament difficile d'Aliste était le moindre, l'avaient vieilli ? Était-ce à cause de l'habit de chasse assez simple dont il s'était vêtu et qui ne laissait rien deviner de sa majesté royale ? On ne sait. Mais après tout, Berthe ne l'avait vu que pendant quelques jours : les souvenirs sont chose fragile, et il est bien naturel que neuf ans les estompent.

Quoi qu'il en fût, le mari et la femme s'observaient sans mot dire, ignorant qui ils étaient l'un pour l'autre. Berthe n'osait parler : en son for intérieur, elle regrettait amèrement de s'être fait surprendre, en un lieu isolé, par un inconnu armé dont elle ignorait les intentions. Quant à Pépin, son silence avait une autre cause : la beauté de la dame l'avait tout simplement laissé sans voix.

Le roi, certes, faisait encore le deuil de celle qu'il croyait avoir à jamais perdue, mais quoi ? Se défend-on contre Amour ? Et Désir n'est-il pas, lui aussi, un rude assaillant ? Pépin n'avait pas eu compagnie de femme depuis bien des mois. C'était un homme encore vert, d'un tempérament ardent, que la course qu'il avait fournie après le cerf et la beauté de ce jour de printemps avaient échauffé. Enfin, en un mot comme en cent, il me faut vous confier quelque chose qui n'est guère à son honneur : il se mit à goulouser celle qu'il prenait pour une simple paysanne. En d'autres circonstances, il m'en coûterait de rapporter cette faiblesse de cet excellent souverain, justement renommé pour sa prudhomie et dont le comportement à l'égard des femmes, d'ordinaire, ne méritait aucun reproche. Je le fais cependant volontiers ici, car cet exemple démontre bien quelle est la toute-puissance de Notre Seigneur, et comment, des sombres menées de l'Adversaire, Il peut toujours tirer un bien. Car si le diable lança au cœur de Pépin le tison de Luxure, il en fut pour ses frais, comme vous allez l'entendre, et ce qui en résulta fut un désastre pour lui et pour son empire.

Pépin aborda innocemment la dame, ne voulant pas l'effaroucher, et lui dit :

« Que Dieu vous sauve, sœur. N'ayez nulle crainte, je ne suis pas quelque malandrin, mais un chevalier de la maison du roi. J'ai été dessevré de mes compagnons comme nous chassions le cerf dans cette forêt, et je me suis perdu. Auriez-vous la bonté de m'indiquer quel chemin suivre pour sortir de ces bois ? Ou, mieux encore, n'y aurait-il pas à proximité quelque logis où je puisse me désaltérer ? Car, en vérité, ma chevauchée m'a donné chaud et j'ai grand soif.

– Sire, répondit Berthe en lui indiquant du bras une direction, non loin d'ici demeure Simon le voyer, mon oncle, chez lequel j'habite. Vous n'avez qu'à suivre ce sentier pour arriver chez lui, il vous recevra volontiers. Vous êtes monté et moi à pied, mais il n'est pas nécessaire de retenir les pas de votre cheval : vous trouverez la chaumière sans peine, et je vous y rejoindrai vite. »

La dame parlait ainsi parce qu'ayant vu s'allumer dans le regard de Pépin une lueur de convoitise, et en concevant des craintes, elle était fort désireuse de le voir partir devant elle. Mais le roi répondit courtoisement :

« Et vous laissez marcher, amie ? Que nenni : mon cheval est bien assez fort pour nous porter tous deux au trot jusque chez vous. Montez donc sur son col : je serai ravi de vous raccompagner. »

Berthe essaya de s'esquiver, avança que ce n'était pas utile, qu'elle soulait marcher, que les chevaux lui faisaient peur, rien n'y fit : Pépin, avec la politesse la plus aimable, insista, et la dame, redoutant de provoquer sa colère par un franc refus, finit par se laisser convaincre de monter sur l'encolure du cheval de chasse. Aussitôt le roi fit volter son coursier et le dirigea dans le chemin.

Dès qu'il eut tourné le dos à la croix, Pépin se sentit plus à son aise. En bon chrétien qu'il était même si, comme à tout chrétien, il lui arrivait de chuter, il avait vergogne de caresser de mauvais desseins en un lieu sanctifié par l'emblème du Christ : il lui semblait que la croix avait des yeux, qu'elle le toisait sévèrement.

Au bout d'un moment, abandonnant le sentier, il fit entrer son cheval dans un bouquet d'arbres feuillus dont les branches faisaient écran aux regards indiscrets : l'endroit lui paraissait propice pour accomplir le péché de chair.

« Qu'est-ce que cela ? s'écria Berthe, effrayée et furieuse. Messire chevalier, vous vous conduisez en soudard ! Qu'avez-vous en pensée ?

– Amie, lui dit le roi, n'ayez pas peur. Vous êtes si belle que vos charmes m'ont féru au cœur. Je ne vous ferai aucun mal : nous jouerons ensemble au jeu des amants, qui est si plaisant et délicieux qu'on ne saurait dire. Ensuite, si vous voulez, je vous mènerai avec moi à Paris. Je ne vous laisserai pas dans le besoin et la pauvreté : vous serez la maîtresse d'un puissant seigneur, et je vous comblerai de tous les biens que vous pourrez désirer !

– Les biens que je désire, vous ne pouvez pas me les donner, sire, car ce sont les biens spirituels et non ceux de la terre : ce n'est qu'en servant Dieu qu'on les peut acquérir. Je vous en prie, laissez-moi partir : nous commettrions un péché par trop laid en faisant l'œuvre de chair.

– Belle, les péchés de la chair sont ceux que Dieu pardonne le plus aisément : Il sait bien, Lui qui nous aime, qu'Il nous a faits trop faibles pour résister au feu de la luxure, et c'est pourquoi Il ne nous en tient pas trop rigueur. Ne résistez donc pas, je vous en prie : couchons-nous sur ces fougères et prenons ensemble notre déduit. Je ne veux pas vous faire mal, mais vous voyez bien que nous sommes tout seuls ici et que vous n'êtes pas assez forte pour me refuser ce que je veux. »

Ces paroles, qui n'étaient que trop véritables, glacèrent Berthe d'effroi, si bien qu'elle faillit tomber en pâmoison aux pieds du cheval. C'est alors que lui revinrent en mémoire les limites dont elle avait borné son vœu et les circonstances en vue desquelles elle s'était réservé le droit de révéler son identité. Comprenant qu'il ne lui restait pas d'autre échappatoire, elle releva soudain la tête avec une dignité toute royale et déclara d'un ton impérieux :

« Halte, mauvais chevalier failli ! Vous ignorez à qui vous avez affaire et à quel châtiment vous vous exposez si vous me faites violence ! Sachez que je suis votre souveraine, Berthe, la reine de France, l'épouse du roi Pépin, qui ai été conduite en ce bois il y a neuf ans pour y être assassinée. Si vous me touchez, vous commettrez le plus honteux forfait dont un homme lige puisse se rendre coupable envers son seigneur ! »

Ces mots pétrifièrent Pépin, lui ôtant la parole, et pendant de longues secondes il resta bouche bée, pantois, partagé entre l'incrédulité, la joie et la stupéfaction. Mais lorsque enfin il eut rassemblé ses esprits épars, le roi décida de ne pas se faire connaître de Berthe avant d'avoir pu vérifier ses dires. En effet, il avait été si certain du trépas de son épouse que ni son aspect ni ses paroles ne suffisaient à le convaincre tout à fait : la jeune femme avait pu simplement entendre parler de la triste histoire de la reine, et avoir eu l'idée de s'en servir comme d'un moyen de protection.

Toutefois, comprenant qu'il jouait en la circonstance un assez triste personnage et ne voulant pas effrayer davantage celle pour laquelle il sentait jà revenir toute sa tendresse, le roi s'empressa de la déposer au sol.

« Dame, lui dit-il, je vous supplie de pardonner mon outrecuidance et, que vous m'ayez dit vrai ou non, je confesse que je me suis comporté comme le plus discourtois des rustres. Permettez-moi au moins de régler le pas de mon cheval sur le vôtre et de vous accompagner jusqu'à la demeure de ce voyer chez qui vous logez, car après ce que vous m'avez dit, je ne puis partir avant de m'être enquis de votre histoire : ce serait félonie envers le roi qui vous a tant cherchée.

— Eh bien, j'y consens, soupira Berthe, puisqu'il me faut en passer par là. »

À la vérité, la dame était fort troublée de voir les choses prendre une telle tournure. Le chevalier risquait d'aller parler d'elle à son seigneur, et celui-ci voudrait alors la reprendre auprès de lui. Or, Berthe s'était si bien accoutumée à l'humble demeure de Simon le voyer que, son vœu étant sauf, elle ne savait plus si elle devait souhaiter ou non d'être reconnue. Enfin, cessant de retourner ces pensers dans son esprit, elle résolut sagement d'abandonner ces questions à la volonté de Dieu et prit le chemin menant à la chaumière du voyer.

Lui chevauchant, elle marchant d'un bon pas, ils ne tardèrent pas à atteindre la maison. Tandis que le roi mettait pied à terre et attachait son cheval à un pieu de l'enclos, Berthe passa précipitamment le seuil. Simon et les siens, qui attendaient son retour, tournèrent les yeux vers elle et furent consternés de la trouver livide : la dame n'était pas encore remise de la terreur qu'elle avait éprouvée.

« Que vous arrive-t-il, Berthe ? lui demanda Constance en s'empressant d'aller la prendre dans ses bras. Vous êtes pâle comme la mort ! »

Serrée dans l'étreinte presque maternelle de sa bienfaitrice, la jeune femme, vaincue par les émotions qui la submergeaient, éclata en sanglots. Au milieu de ses larmes, elle parvint cependant à expliquer :

« J'ai rencontré un homme dans le bois. Il a voulu me faire violence… Grâce à Dieu, il n'est pas allé jusqu'au bout. C'est un chevalier du roi, il est devant la maison… »

Simon s'empourpra de colère en entendant ce récit. Il se précipita dehors, où il trouva Pépin qui s'apprêtait à ouvrir la porte.

« Messire le chevalier paillard, lui lança-t-il vertement, vous avez bien de la chance d'être de la maison du roi mon maître, sans quoi vous tâteriez de mon bâton ! Ma nièce nous a dit ce que vous aviez voulu lui faire ! Est-ce une façon, pour un prudhomme, d'en user avec une jeune fille sans défense ? Ah, si vous lui aviez pris son pucelage, croyez bien que je vous rompais céans le crâne ! Une enfant comme on n'en vit jamais de plus vertueuse, chaste et pieuse comme une sainte, toujours sage, toujours modeste, ne se laissant conter fleurette par personne ! Et c'est à elle que vous vous en prenez ? Seriez-vous à ce point dégarni de cliquaille que vous ne puissiez vous offrir ce qu'on vend aux bordeaux ? »

Pépin, quoiqu'un peu démonté par cet accueil véhément, qu'en son for intérieur il reconnaissait avoir mérité, goûta fort l'éloge de Berthe dont Simon l'avait assaisonné, éloge qui le rassurait sur la conduite de celle qui pouvait être son épouse. Peut-être jugerez-vous que, le souverain n'ayant lui-même pas été d'une parfaite chasteté, il eût mieux fait de songer à ses propres fautes. J'en conviens volontiers, mais les hommes sont ainsi faits, et le bon roi avait, après tout, quelques excuses : il n'avait partagé la couche d'Aliste que par erreur, et l'on ne rapporte pas qu'il lui eût jamais été infidèle. Enfin quel mari, retrouvant son épouse après des années d'absence, ne serait pas soulagé de pouvoir vérifier qu'il ne porte point de cornes ?

« J'en conviens, j'ai mal agi, dit-il, et j'en suis fort contrit. Mais somme toute, je n'ai fait aucun mal à la jeune fille, et je ne l'ai pas accompagnée ici pour lui en faire, mais parce que je dois vous parler d'une chose qu'elle m'a dite. Il s'agit d'une affaire d'importance, et qui touche à l'honneur du roi. »

Entendant le chevalier parler de la sorte, Simon se remémora la fouille de la forêt et de ses alentours à laquelle s'étaient livrés les trois sergents, et les soupçons qui lui étaient alors venus. Comprenant que le sujet était assez sérieux pour qu'il fît taire son ire, le voyer ferma la porte de la demeure derrière lui, afin de s'entretenir seul à seul avec le personnage.

« Que vous a-t-elle dit ? demanda-t-il.

– Elle m'a soutenu qu'elle était l'épouse du roi Pépin, cette fameuse reine Berthe qui fut chassée de la cour par trahison il y a plus de neuf ans et dont on pensait qu'elle avait péri dans cette forêt même où nous

nous trouvons. Serait-il possible qu'il s'agisse d'elle ? Ou est-elle vraiment votre nièce ? »

Simon hésita un instant à dissiper ce mensonge, dont il n'avait usé qu'à seule fin de protéger sa pupille en lui donnant un état plus honorable que celui de vagabonde ayant fui sa famille. Mais au regard de ce que lui racontait le chevalier, un tel motif était secondaire.

« Berthe n'est pas ma nièce, avoua-t-il enfin. Même si elle m'est aussi chère qu'une de mes filles, nous ne sommes pas apparentés. Je l'ai rencontrée pour la première fois il y a neuf ans dans la forêt, où elle marchait seule, mal vêtue, affamée et transie. Elle m'a raconté qu'elle était native d'Alsace, que sa famille était ruinée et réduite à mendier son pain sur les routes. À ce qu'elle disait, sa marâtre la traitait si mal qu'elle avait décidé de les quitter, elle et son père, après quoi elle avait vagabondé jusqu'en cette contrée. Je l'ai crue, pourquoi non ? et je l'ai recueillie chez moi. Depuis, elle a toujours vécu dans ma demeure, aidant aux besognes de la maison et se livrant à des travaux d'aiguille, dans lesquels elle excelle. Elle se montre en toutes choses si aimable et gentille, si bien apprise et de si bonnes mœurs qu'elle s'est fait aimer de toute ma mesnie, et j'ai fait courir le bruit qu'elle était de ma parentèle, afin de lui éviter les désagréments auxquels une jeune fille déconseillée peut se trouver exposée. Si vraiment elle est la reine, j'ai sans doute eu bien tort, mais comment aurais-je pu le savoir ? Elle ne m'en a jamais fait part !

– Vous avez très bien fait, le rassura Pépin. Mais elle ressemble fort à la reine disparue, et je suis enclin à croire ce qu'elle m'a dit. Toutefois, qu'elle n'en ait jamais parlé avant aujourd'hui ne laisse pas de m'étonner. Pourquoi aurait-elle tu une telle chose ?

– Je ne sais, dit le voyer en haussant les épaules. Mais il faut tirer cette affaire au clair, et j'en entrevois le moyen. Voyez-vous cette fenêtre au mur ? C'est celle de la chambre où je couche avec ma femme. Je vais y prendre Berthe à part, avec mon épouse, et nous la questionnerons sur tout cela. J'ouvrirai la fenêtre sous prétexte de faire rentrer un peu d'air, et vous vous cacherez en dessous, contre la paroi, de sorte que Berthe ne vous verra pas et que vous entendrez tout.

– Voilà un plan qui me paraît excellent, convint le roi. Faisons ainsi. »

Simon rentra donc dans sa demeure, où il trouva sa femme et ses filles occupées à réconforter Berthe par grande tendresse. Le voyant revenu, Constance se porta vivement à sa rencontre et lui demanda :

« Eh bien, qu'en est-il de ce méchant chevalier ? Est-il parti ?

– Nous n'avons rien à craindre de lui, ma mie, mais il y a quelque chose dont il faut que je vous entretienne. »

Attirant la maîtresse de maison à l'écart, le voyer lui confia à voix basse ce que le roi lui avait dit et le stratagème dont ils avaient convenu. Cela fait, Constance appela Berthe en lui disant :

« Venez, chère enfant. Il faut que mon mari et moi, nous vous parlions. »

La reine leur emboîta le pas, ne sachant trop s'ils allaient la tancer pour s'être laissé surprendre ou lui parler de ce qu'elle avait raconté au chevalier. Quoi qu'il en fût, avait résolu Berthe, elle ne briserait son vœu en aucun cas, dût-elle s'épuiser à nier jusqu'à n'avoir plus de voix.

Constance, avec douceur, prit la parole la première, tandis que Simon, d'un geste qui semblait routinier, ouvrait la fenêtre de la chambre.

« Berthe, dit-elle, n'ayez crainte : nous n'avons aucun reproche à vous faire. Mais dites-nous : avons-nous été bons pour vous depuis que nous vous avons recueillie ?

– Oui, certes, répondit la reine avec chaleur, et que Dieu me foudroie si je prétends un jour le contraire. Vous avez été pour moi d'une bonté dont je vous suis infiniment reconnaissante et que je crains de ne pouvoir jamais vous rendre assez.

– Vous avons-nous donné quelque motif de nous en vouloir ? Auriez-vous à notre égard des griefs que vous nous auriez tus ?

– Point du tout ! se récria Berthe.

– En ce cas, dit Simon, vous pouvez répondre sincèrement aux questions que nous vous allons poser.

– Je ne vous cacherai jamais rien que je doive vous dire, répliqua la jeune femme. Que voulez-vous donc me demander ?

– Eh bien voici : lorsque j'ai parlé avec ce chevalier que vous avez rencontré dans le bois, il m'a soutenu une chose tout à fait étonnante : vous lui auriez dit que vous êtes la reine de France, l'épouse disparue du roi Pépin. Lui avez-vous vraiment tenu de tels propos ?

Berthe n'était ni sotte ni nice : elle s'attendait à ce que l'on en vînt à ce sujet. Aussi avait-elle jà préparé une réponse très raisonnable, qu'elle formula d'un ton parfaitement assuré :

« Vous m'avez jà interrogée une fois au sujet de cette histoire, et je vous ai dit ce qu'il en est : je ne suis pas la reine ! Sinon pourquoi l'aurais-je gardé pour moi si longtemps ? J'ai effectivement raconté ce mensonge à ce chevalier, mais c'était uniquement pour qu'il ne me fît pas de mal : c'est le seul moyen que j'ai trouvé pour l'en empêcher, et s'il m'est venu à l'esprit, c'est tout simplement parce que vous-même m'avez parlé de la reine il n'y a pas très longtemps. Enfin, Simon, pouvez-vous vraiment croire que je sois une reine, moi ? »

La dame ne soulait pas mentir, étant de son naturel franche et loyale, mais pour ce qui touchait à son vœu, et pour cela seulement, elle s'appliquait si bien à le faire qu'elle parvenait à être assez convaincante. Cependant, les indices laissant deviner la vérité étaient nombreux, et ni Simon ni Pépin, qui avait tout écouté, caché sous la fenêtre, ne furent pleinement dupes. Mais après une telle réponse, il était difficile d'interroger davantage la jeune femme, et le voyer sentit bien qu'il n'en tirerait rien d'autre. Aussi feignit-il de prendre l'explication de Berthe pour argent comptant et s'excusa-t-il de l'avoir importunée avec des questions pareilles. Puis, sous un prétexte quelconque, il ressortit de la demeure et alla rejoindre le roi, qu'il trouva pensif et grandement soucieux.

« Que vous en semble ? demanda le souverain.

– Je ne sais trop, répondit le voyer. Elle peut dire vrai, mais pour le croire, il faut admettre un merveilleux hasard. Sa rencontre avec moi dans la forêt du Mans au moment même où la reine est supposée y avoir disparu, leur ressemblance, leur nom qui est le même, et ce qu'elle vous a conté tout à l'heure... Ce ne sont pas des preuves, mais ce n'est pas rien, il faut le reconnaître.

– Pour ma part, dit Pépin, je suis presque certain qu'il s'agit bien d'elle, mais je ne comprends pas pourquoi elle s'obstine à le nier.

– Vous savez, quand je l'ai trouvée dans le bois, elle avait passé par bien des épreuves. Elle avait cru y mourir, et les gens qui se voient dans la dernière extrémité du péril font parfois des vœux inconsidérés.

« J'ai ouï parler une fois d'un marin, un vrai boit-sans-soif, qui au milieu d'une terrible tempête avait juré à la Sainte Vierge que s'il en réchappait, il ne boirait plus une goutte de vin de toute sa vie. Ce marin a survécu, mais il ne pouvait pas se passer de boisson : il a dû faire le pèlerinage de Rome, et aller implorer le pape de le délier de son serment.

« Je ne sais si cette histoire est vraie, mais ce dont je peux vous assurer, par contre, c'est que si Berthe, dans sa détresse, a follement prononcé un semblable vœu, elle n'aura pas fait comme le marin : elle est bien trop vertueuse pour ça. Et si elle a fait vœu de ne rien dire de sa naissance, elle n'en démordra pour rien au monde, même si cela doit lui coûter un trône. »

On voit que Simon était un homme sagace, et qu'il en était venu à bien connaître Berthe.

« Cela pourrait bien être, dit pensivement Pépin en hochant la tête. Mais il faut le vérifier. Je sais des gens qui la reconnaîtront à coup sûr, si c'est bien la reine, et je m'en vais les faire venir au plus tôt. En attendant, Simon, je vous demande d'avoir grand soin de Berthe : veillez sur elle comme sur la prunelle de vos yeux, et je vous en saurai gré.

– Je n'ai nul besoin de votre gratitude pour prendre soin d'elle, rétorqua Simon avec le sourire. Reine ou non, elle m'est très chère. Mais vous ne m'avez pas dit votre nom, chevalier.

– On m'appelle Pépin. »

Entendant ce nom, le voyer écarquilla les yeux. Il avait l'esprit vif et savait ajouter une chose à l'autre. Il avait remarqué que le chevalier, quoique bien fait et bien proportionné, était de courte stature. Du reste, sans avoir jamais rencontré le roi, il avait bien entendu dire que ce dernier n'était pas grand, ce pourquoi on le surnommait Pépin le Bref.

« Vous êtes le roi ! s'écria Simon en tombant à genoux devant son seigneur.

– Je suis le roi, répéta calmement Pépin avec un sourire amusé.

– Sire, fit Simon d'une voix étranglée par la stupeur et le trouble, je ne sais que dire ! Pardonnez-moi si je vous ai offensé, je ne savais pas !

– Vous ne pouviez pas savoir, et vous ne m'avez pas offensé. Bien au rebours : si vraiment c'est mon épouse que vous avez recueillie, vous m'avez rendu un tel service que je n'ai pas de mots pour vous exprimer ma reconnaissance. Continuez de la protéger, et par le corps saint Denis, votre récompense sera à la mesure de vos bienfaits envers elle ! »

Sur ce, Pépin prit congé du voyer et, ce dernier lui ayant indiqué le chemin à suivre, il sortit de la forêt et s'en retourna au Mans, le cœur serré de crainte et bondissant de joie.

V

Joyeuses retrouvailles

Après cette chasse au cerf, Pépin n'eut rien de plus pressé que de choisir des chevaliers avisés et diligents pour transmettre son message à ceux qui reconnaîtraient à coup sûr la reine et ne se laisseraient abuser par aucune ressemblance : le roi Floire et la reine Blanchefleur. Il fit mander aux souverains de Hongrie de le rejoindre au plus vite pour une affaire qui concernait leur fille, car Berthe, leur faisait-il dire, avait peut-être été retrouvée. Le roi, qui se consumait d'impatience, recommanda à ses émissaires de voyager en grande hâte et de ne pas ménager leurs montures, consignes qui furent suivies à la lettre.

Les envoyés de France se présentèrent donc, au terme d'un périple exécuté avec une louable célérité, devant Floire et Blanchefleur dans la grand-salle de leur palais. Les deux époux furent bouleversés par la teneur du message de Pépin : ils avaient tant pleuré la perte de leur enfant que ce soudain espoir les jetait presque hors de sens. Ils donnèrent aussitôt l'ordre à leur mesnie de se préparer à un prompt départ. À vrai dire, ces préparatifs leur semblèrent encore trop lents, et si le souci des convenances ne les avait point retenus, ils se fussent mis en route tous les deux sans attendre un seul instant, comme un chevalier errant et son amie.

Si leur rang les en empêchait, au moins veillèrent-ils à ce que leur pérégrination fût aussi rapide que possible : leur compagnie traversa les contrées tudesques et françaises comme si les ailes du vent la portaient et, guidés par les chevaliers français, ils arrivèrent bientôt au Mans, où Pépin les attendait. Dès qu'il apprit leur approche, le roi alla à leur rencontre pour les bienveigner, ce qu'il fit devant les portes de la ville.

« Que Dieu vous tienne en joie et en santé, lui dit en le voyant le roi Floire, qui chevauchait à la tête de sa troupe. Mais avant toute chose, dites-moi vite ce qu'il en est de ma fille, car je brûle de le savoir !

– Que Dieu bénisse votre venue à tous deux, répondit Pépin, c'est vous qui allez résoudre cette affaire ! Sachez que dans la forêt du Mans demeure, en la maison d'un honnête voyer et de sa famille, une jeune femme pleine de vertu du nom de Berthe qui ressemble tant à la reine que l'on jurerait qu'il s'agit d'elle, et qui fut trouvée dans le bois à l'époque même où mon épouse me fut ôtée. Je suis fort enclin à croire que cette jeune personne est bel et bien la reine, mais il y a à cela une difficulté, c'est qu'elle le nie de toutes ses forces et prétend n'être qu'une jeune fille native d'Alsace. Je ne sais qu'en penser : peut-être qu'un vœu qu'elle aurait prononcé explique sa conduite étrange. Mais vous, je sais bien que vous la reconnaîtrez pour ce qu'elle est, et que vous ne vous laisserez pas davantage abuser que vous ne l'avez été, ma dame, par Aliste la traîtresse.

– C'est donc en la forêt qu'elle se trouve ? intervint Blanchefleur. Allons-y donc sans tarder, car le cœur me point tant que je ne saurais supporter d'attendre une minute. »

Le sénéchal de Pépin, qui avait assisté à cet échange, fit approcher son cheval de celui du roi et lui dit à mi-voix :

« Sire, nos hôtes ont dû faire une longue route, et il est l'heure de souper. Ne conviendrait-il pas de les convier à table en votre hôtel et de ne se rendre dans la forêt que demain ? Car la nuit va bientôt tomber.

– Souper ? se récria le roi. Attendre demain ? Crois-tu donc, musard, que je puisse avaler un seul morceau ou fermer l'œil avant d'avoir éclairci cette affaire ? Non pas, certes, et je gage qu'il en va de même pour sire Floire et son épouse. Mais voici ce que tu vas faire : que les Hongrois plantent leurs pavillons sur le pré devant la ville, et toi, ordonne aux queux de nous préparer sans tarder des viandes, des tourtes et du pain, le tout accompagné de quelques barils du meilleur vin d'Anjou, et fais porter tout cela chez Simon le voyer. Les victuailles nous y rejoindront, et nous mangerons sur place. Mais pour aller retrouver la jeune femme, le roi de Hongrie et moi n'attendrons pas davantage. »

Floire et Blanchefleur ayant vivement approuvé ce dessein, tous trois, flanqués de quelques chevaliers et guidés par un forestier familier des profondeurs de la sylve, se mirent en chemin. Moins de trois heures après, ils arrivaient devant la chaumière de Simon.

Le bruit de cette cavalcade ne manqua pas d'attirer l'attention de la maisonnée. Isabeau et Aiglente coururent aux fenêtres tandis que le voyer allait ouvrir son huis. Mais Berthe, occupée à broder dans sa chambre, était si absorbée par sa tâche qu'elle ne prêta pas attention au bruit des sabots. Tandis qu'elle œuvrait de la sorte, Simon accueillit les deux rois et la reine avec les marques de la plus haute révérence, et les introduisit dans sa demeure. Puis il les mena devant la chambre de sa pupille et en poussa la porte.

Le cœur battant, Blanchefleur fut la première à se précipiter dans la pièce. Berthe releva alors les yeux de son travail. Les regards des deux femmes se croisèrent et à l'instant, sans le moindre doute possible, elles se reconnurent. Deux cris de joie s'élevèrent alors et Berthe, laissant choir son ouvrage, alla se jeter aux pieds de sa mère. La reine de Hongrie, trop émue pour parler, serra sa fille dans ses bras en arrosant ses joues de larmes. En vérité, il s'en fallut de peu que les deux dames ne se pâmassent, tant les sentiments qui les agitaient étaient vifs et puissants. C'est alors que tonna la voix du roi Floire qui, dans l'embrasure de la porte, avait tout vu :

« C'est ma fille ! C'est la reine qui nous est rendue ! Dieu a fait un miracle ! Noël ! Noël ! »

Et tous ceux qui étaient présents reprirent en chœur son cri de « Noël ! Noël ! », trépignant de joie comme des enfants. Berthe comprit qu'à rien ne servait plus de celer son identité : elle avait été reconnue, sans pour cela briser son vœu, et désormais elle n'était plus liée par lui. Sa vie de campagnarde touchait à sa fin, sa vie de reine allait reprendre son cours. Elle s'en trouva d'abord ébaubie, ne sachant point par quel prodige ses parents se trouvaient là. Tandis que Floire et Blanchefleur ne pouvaient se rassasier de l'étreindre et de l'embrasser, elle ne cessait de balbutier :

« Mais comment ? Comment ?

– C'est le roi Pépin, votre époux, qui nous a envoyé chercher, finit par répondre Floire, afin que nous puissions vous reconnaître.

– Mon époux sait-il donc que je suis ici ?

– Il le sait fort bien, chère dame, dit Pépin en s'avançant, et vous le voyez céans !

– Comment, vous ? s'écria Berthe en reconnaissant le chevalier qu'elle avait rencontré dans la forêt.

– Oui, moi, qui suis votre humble serviteur, ma mie. »

Ce disant, le roi s'agenouilla devant sa dame, et poursuivit :

« Pourrez-vous jamais pardonner ma folie ? Par ma faute et sur mon ordre, vous avez été emmenée loin de moi par ce chien de Tibert : j'ai été tout à fait la dupe de la rouerie de Margiste. Et cependant je vous implore de ne m'en point tenir grief et de me rendre votre affection !

– Vous l'avez, sire, dit Berthe en le relevant, pour peu que vous me rendiez la vôtre. Tout comme vous, j'ai été abusée par la serve : jamais je n'aurais dû céder ma place à Aliste, et Dieu m'a punie de ce péché.

– Mais s'il m'est permis de vous le demander, dame, pourquoi avez-vous séjourné si longtemps ici ? Pourquoi ne pas vous être fait connaître plus tôt ? Dieu sait combien de larmes j'ai versées pour vous, après que la hideuse trahison eut été découverte ! »

Alors Berthe parla de son vœu, déclara qu'elle eût préféré mourir plutôt que d'offenser Notre Seigneur en le violant, précisa dans quelles circonstances elle s'était réservé le droit d'avouer son identité. Pressée de questions, elle narra longuement son histoire : son arrivée dans la forêt du Mans, le mauvais vouloir du félon Tibert, la pitié des trois sergents, sa fuite, sa misérable errance à travers la forêt et ses déboires, la bonté de l'ermite et celle de Simon.

Elle-même eut bien des questions à poser, sur ce qui était arrivé pendant les années écoulées, ainsi que sur la manière dont Aliste avait été démasquée. On lui répondit, si ce n'est que ses parents, ne voulant pas troubler la liesse de ces retrouvailles, décidèrent sagement d'attendre un autre jour pour lui faire part de la mort de son frère et de sa sœur. Berthe ayant le cœur tendre, cette nouvelle devait plus tard lui tirer bien des larmes, mais durant cette soirée au moins, il n'y eut pour chacun que joie sans mélange.

Le temps passe vite lorsque l'on est heureux : les deux couples devisaient toujours avec entrain lorsqu'un page vint leur annoncer que les provisions réclamées par Pépin avait été acheminées. Devant la chaumière, des serviteurs les déchargeaient de l'échine des chevaux de bât. Le roi de France accueillit joyeusement cette annonce :

« Mettons-nous donc à table, dit-il, car je sens que la joie m'a rendu mon appétit.

– Sire, lui demanda Simon, ne risquera-t-il pas de se faire tard lorsque vous achèverez votre repas ? Car il fera nuit noire, sans doute, et vous vous trouverez embarrassés pour retourner au Mans. Oh, certes, en ce qui me concerne, je serai très honoré de vous voir passer la nuit en mon humble chaumière, et il va sans dire que les miens et moi laisserons nos lits à vos Majestés. Mais même ainsi, je crains fort que ma demeure ne puisse commodément loger toute votre suite.

– Tout d'abord, rétorqua le roi, ce repas que nous allons prendre est aussi celui de ta famille, car il ferait beau voir que mon hôte et le sauveur de ma femme ne mange pas à ma table ! Je ne pense pas que tu veuilles m'offenser par un refus ?

– Dieu m'en garde, sire !

– Tu m'en vois ravi. Quant au problème du couchage, il n'en sera pas un, et je ne te récompenserai pas de ton hospitalité en te privant de ton lit : je vais tout de suite mander à ma cour de venir passer la nuit ici, en apportant tentes, pavillons et tout le nécessaire.

– La cour du roi de France passera la nuit devant ma chaumière ? balbutia le voyer stupéfait.

– Par le corps saint Martin, il le faudra bien ! Sans cela, comment pourrais-je t'adouber demain, en grande pompe, devant tous mes barons, et t'investir de ton fief en bonne et due forme ?

– Mon fief ? répéta le brave homme, incrédule.

– Mais oui, ton fief ! Crois-tu que ce soit peu de chose que la gratitude du roi de France ? Tu seras désormais le sire de ces bois dont tu fus le voyer, et je te donnerai assez de bonnes terres de labours pour que tu en tires mille livres de rentes. Tu seras aussi l'un des conseillers de ma

 Comment l'assemblée doit se faire en été et en hiver, miniature, xvᵉ siècle, extraite du *Livre de chasse* de Gaston Phébus, Paris, Bibliothèque nationale de France, ms. Fr. 616, fol. 67.

mesnie, et ta femme sera suivante de la reine : je crois qu'elles s'aiment moult. Quant à tes filles, je veux également faire quelque chose pour elles. Si tu permets qu'elles soient de ma cour, à Paris, j'aurai soin de les doter sur mes propres deniers et de les marier hautement.

– Sire, s'écria Simon en tombant à genoux, je ne sais comment vous remercier !

– Alors ne me remercie pas ! En vérité, tu as tant fait pour mon épouse que je me tiendrai toujours pour ton obligé. »

Les désirs du souverain furent promptement réalisés, et l'on vit bientôt se dresser, autour de la maison du voyer et dans les clairières environnantes, une profusion de trefs, de tentes et de pavillons de soie, de paile et de cendal, sommés de brillantes gemmes et de pommeaux d'or. Aux branches des arbres se trouvèrent pendus maints écus colorés. Les chevaliers et les dames, en superbe arroi, se pressaient si nombreux sous les frondaisons que la forêt du Mans prenait l'allure d'un de ces séjours sylvestres où s'assemblent les fées. Simon et les siens, qui ne soulaient guère être enveloppés d'une si splendide foule, se croyaient bel et bien transportés par quelque enchantement dans l'île d'Avallon.

Enfin, les réjouissances s'étant prolongées jusqu'à une heure fort tardive, chacun alla se coucher. Si beaucoup se contentèrent de dormir d'un sommeil paisible, pour refaire leurs forces après les fatigues de la journée, il n'en alla pas ainsi de Berthe et de Pépin, qui se retrouvaient après une si longue dessevrée : dans la tente fleurdelisée que l'on avait dressée pour eux, sur une couche de soie à la courtepointe de samit, Berthe abandonna à son époux la virginité qu'elle lui avait gardée avec tant de soin, et cette nuit-là, il engendra en elle un fils : le preux Charlemagne, dont jamais ne périra la mémoire.

Le lendemain, comme promis, Pépin adouba solennellement l'honnête voyer qui avait tant fait pour sa femme très-aimée :

Le roi Pépin fait, devant la maison,
Étendre un paile vermeil et céladon.
Devant les ducs, comtes et hauts barons
S'y agenouille le bon voyer Simon.
On le revêt d'un épais gambison,
Puis on lui fait porter un haubergeon,
Des chausses et un riche morion.
Alors un comte, dam Bernard de Clermont,
Lui ceint l'épée d'acier de Besançon.
Pépin assène la colée à Simon
En lui disant : « Que Dieu te fasse don
D'un cœur vaillant et digne d'un lion !
Sois valeureux, courtois, loyal et bon,
Doux aux petits et terrible aux félons,
Sers le Seigneur, et honore son Nom ! »
Puis il suspend à son col le blason
De clair azur, chargé non d'un faucon,
D'un léopard, d'un ours ou d'un griffon,
Mais d'un lys d'or, la fleur de grand renom
Des rois de France depuis Clovis le blond.
Aux pieds du roi se jette alors Simon,
Ému aux larmes, mais Pépin lui dit : « Non,
Relève-toi ! Ce n'est qu'un guerredon
Bien mérité : en voyant ce blason
Chacun saura sans hésitation
Que je te tiens pour mon bon compagnon. »
Lors on amène un destrier gascon
Enveloppé d'un beau caparaçon.
Simon y monte et se campe aux arçons.
Il prend sa lance au riche gonfalon,

Point son cheval de ses deux éperons,
Et charge comme pour férir un Saxon.
Chacun de dire : « Voyez le preux Simon,
Comme il ressemble à un vaillant baron ! »

Simon ayant été fait chevalier, il prêta foi et hommage au roi, lequel lui remit en fief la forêt du Mans et d'autres terres suffisamment vastes et riches pour lui garantir, au bas mot, mille livres de rente. La digne Constance fut revêtue des riches draps de soie et d'écarlate qui convenaient à une dame de compagnie de la reine de France. Isabeau et Aiglente ne furent pas oubliées, et Pépin leur fit donner de somptueux atours. Quant à Berthe, elle leur promit de veiller personnellement à leur faire faire de beaux mariages.

La cour séjourna trois jours dans la forêt du Mans, peuplant les bois, qui n'y étaient guère accoutumés, de splendides festivités, au grand étonnement des oiseaux et des bêtes. Toute cette brillante troupe rejoignit ensuite le Mans, où huit jours durant furent données en l'honneur de la reine des réjouissances plus magnifiques encore. Le roi Pépin organisa un superbe tournoi, lors duquel bien des jeunes chevaliers rivalisèrent de prouesse pour être remarqués par les yeux de la reine et des dames de la cour : Beauté est l'aiguillon de Valeur, et la présence de Berthe emplissait tous les cœurs d'une noble exaltation. Quant à Isabeau et Aiglente, elles furent jugées ravissantes par beaucoup, et il se trouva deux nobles damoiseaux qui portèrent leurs couleurs avec grande joie : tous deux se comportèrent fort bien et rompirent nombre de lances.

li oit.

Tournoi de Camelot, miniature, XIVe siècle,
extraite de *La Quête du Saint-Graal*, Paris,
Bibliothèque nationale de France, ms. Fr. 343,
fol. 4v.

Enfin, Pépin décida de regagner sa bonne ville de Paris pour y faire entrer en grand équipage son épouse retrouvée. Floire et Blanchefleur, qui n'étaient nullement désireux de quitter si tôt leur chère enfant, tinrent à être présents lors des cérémonies qui devaient avoir lieu en cette occasion, aussi la mesnie hongroise voyagea-t-elle de conserve avec la cour de France.

Au terme d'une chevauchée de peu de jours, le cortège royal approcha de Paris. La nouvelle du retour de Berthe s'était promptement répandue, aussi la suite de Pépin s'était-elle gonflée d'une foule de chevaliers et de dames impatients de faire la connaissance de leur reine : la brillante escorte faisant route vers la capitale avait pris les dimensions d'une petite armée dont les déplacements ne passaient pas inaperçus. Dès qu'ils furent prévenus de son arrivée, les Parisiens eurent à cœur de pavoiser leurs demeures. Ce fut donc dans des rues toutes encourtinées de riches étoffes diaprées, de brocart et de soie, que Berthe fit son entrée, au son des cloches des églises, en franchissant les remparts de la cité.

La reine avait abandonné sa litière au profit d'une élégante haquenée à la robe blanche et chevauchait aux côtés du roi son époux, afin de voir et d'être vue. Berthe, en sa jeunesse, avait appris à monter en amazone sur des palefrois, ainsi qu'il convenait à une princesse, en vue des occasions où il lui faudrait paraître à cheval devant la cour ou le peuple. Sans exceller dans cet exercice, la reine savait faire bonne figure, et les années passées dans la forêt du Mans n'avaient, somme toute, point trop émoussé son adresse. Aussi la noble dame se montra-t-elle à la hauteur de son rang et des circonstances, adoptant un port véritablement royal.

Sa jeunesse, sa beauté, la douceur de son sourire et la bonté de ses regards firent le reste et lui conquirent instantanément l'affection des Parisiens massés au bord des rues. La tendresse des époux royaux transparaissait dans chacun des gestes qu'ils avaient l'un pour l'autre, et la joie qui éclairait leurs visages se communiqua bien vite à la foule. Alors ce fut une clameur enthousiaste qui s'éleva de tous côtés :

« Noël ! Noël ! criait-on. Vive la reine Berthe ! Vive le roi Pépin ! »

Les moines et les abbés de la ville, venus en procession pour bienveigner leur dame, entonnaient de vibrants Te Deum. Le couple, rayonnant de bonheur, répondait aux vivats par des signes de la main. En son for intérieur, Berthe était bouleversée par cet accueil. Quant à Floire et Blanchefleur, qui chevauchaient quelques pas derrière leur gendre et leur fille, ils furent moins acclamés, car les Français, pour la plupart, ne les connaissaient pas, mais l'amour que le peuple témoignait à leur enfant suffisait à les emplir de joie.

Pendant huit jours, Paris ne cessa de retentir du bruit des fêtes et des réjouissances, toutes plus merveilleuses les unes que les autres, qui se tenaient en l'honneur de la reine. Mais à quoi bon allonger mon récit ? Il me faudrait trop longtemps pour vous conter par le menu toutes ces splendeurs, et je préfère me taire de ce sujet afin de suivre le fil de mon histoire.

Un dimanche, Morin le bon sergent, de retour de son pèlerinage, passa les portes de la cité. Les sentinelles gardant le rempart ne reconnurent pas leur ancien frère d'armes, dont la peau s'était burinée au soleil de Terre sainte, et dont le visage sillonné de rides nouvelles disparaissait sous une barbe épaisse du même gris piqueté de blanc que sa chevelure. Du reste, il allait à pied, s'appuyant à chaque pas sur un robuste bourdon orné des feuilles de palmier qu'il ramenait de son voyage, comme c'est la coutume, en souvenir des rameaux qu'avaient coupés les habitants de Jérusalem pour bienveigner Notre Seigneur.

Morin avait en tous points la mine d'un pauvre hère, et pauvre, il l'était, car son périple avait épuisé, dès l'aller, la totalité de son pécule.

À Jérusalem, il avait vu mourir ses deux compagnons, emportés par la fatigue et la maladie, mais sereins, heureux d'avoir pu accomplir leur pénitence et se recueillir sur le tombeau du Christ avant de remettre leur âme entre ses Mains miséricordieuses. Morin les avait pleurés tout en les enviant presque, car leurs peines étaient finies, et leur chemin terminé. Le sien ne l'était pas et, courbé sous le poids de regrets qui le hantaient toujours, il avait repris la route de la France. Route difficile, le long de laquelle, faute d'argent, il avait dû vivre d'expédients, et connu bien des déboires. Toutes ces misères, il les avait acceptées comme une expiation, et enfin ses solides jambes l'avaient ramené à son pays natal.

Lorsqu'il pénétra dans l'enceinte de la cité, l'ancien sergent ignorait tout du retour de la reine : la nouvelle ne s'était guère répandue encore au sud de la Loire, et même au nord de celle-ci, elle avait surtout atteint les oreilles de la noblesse. Elle se diffusait plus lentement parmi les petites gens, et il ne faut pas s'étonner qu'un pauvre errant à triste mine, auquel on ne parlait pas volontiers, n'en ait pas eu vent. Mais le brave homme, voyant les rues de Paris bellement encourtinées, interpella un badaud et lui demanda :

« Dis-moi, mon gars, pourquoi a-t-on ainsi pavoisé la ville ? Serait-ce que notre bon sire Pépin se remarie ?

– Se remarie ? rétorqua l'autre. Non pas, bonhomme ! D'où sors-tu donc, pour n'en rien savoir ? Le roi Pépin a retrouvé Berthe sa femme, qui lui avait été enlevée par trahison il y a neuf ans de cela, et c'est pourquoi on se réjouit par toute la ville : nous avons de nouveau notre véritable reine, qui est bonne et douce et sage, et qui avait vécu toutes ces années chez un voyer de la forêt du Mans, à ce qu'on m'a dit. »

Entendant ces mots, Morin fut saisi d'une émotion si vive qu'il crut en perdre le sens. Plantant là son interlocuteur, il courut aussi vite qu'il le put jusqu'au palais royal. Le malheureux pèlerin n'osait croire à la bonne nouvelle : il lui fallait s'en assurer de ses propres yeux.

Le roi Pépin, en l'honneur de son épouse retrouvée, tenait ce jour-là table ouverte, et tous les pauvres gens étaient invités à franchir les portes de sa grand-salle, pour recevoir à manger et quelque aumône. Aussi Morin, dans le piteux équipage qui était le sien, n'eut-il aucun mal à entrer : nul ne s'étonnait de voir un pèlerin impécunieux se mêler aux mendiants, vagabonds et ribauds qu'attiraient les largesses royales.

Or, lorsque l'ancien sergent pénétra dans le palais, Pépin et Berthe se trouvaient justement là, portant couronnes et dominant l'assemblée depuis les faudesteuils où ils trônaient, sur l'estrade que couvrait le dais fleurdelisé. La reine, qui avait l'âme emplie de charité, faisait avancer les pauvres devant elle les uns après les autres, écoutait le récit de leurs peines avec une sincère sollicitude et faisait en sorte que nul ne repartît sans obtenir ce dont il avait le plus besoin. La foule des miséreux, frappée par tant de bonté, la contemplait avec adoration, parcourue par un murmure de louange. Quant au roi Pépin, s'il intervenait parfois pour conseiller sa dame ou accroître les dons qu'elle faisait, la plupart de temps, il se contentait de se tenir auprès d'elle, l'observant avec tendresse, heureux de la voir gagner le cœur de ses sujets comme elle avait gagné le sien.

Morin, du fond de la grand-salle, dévorait la reine des yeux, s'efforçant de reconnaître, dans cette belle et majestueuse dame en habits d'apparat, coiffée d'un voile de samit orné d'orfroi, la jeune fille échevelée et tremblante dont il avait pris pitié dans la forêt du Mans. S'agissait-il vraiment d'elle ? Le pauvre homme n'osait pas s'en convaincre, et lui qui, en pénétrant dans l'édifice, avait eu l'intention d'en ressortir aussitôt, s'approcha de la reine pour mieux la regarder. Après avoir longuement patienté en attendant son tour, Morin se trouva aux pieds de sa souveraine.

Le pèlerin plongea son regard dans les yeux de la reine, ces yeux qu'il avait jà contemplés, implorants et remplis de larmes, neuf ans auparavant dans la forêt du Mans. Il n'avait jamais oublié ces yeux qui l'avaient alors ému au point de lui faire tirer l'épée contre Tibert. Pendant des années, leur souvenir l'avait hanté. En les reconnaissant, il reconnut Berthe. Une crainte révérencielle s'empara de lui. La méchante dame Vergogne, volant jusqu'à ses oreilles, se mit à lui susurrer :

> *As-tu oublié, méchant drôle,*
> *Quel fut le méprisable rôle*
> *Que tu jouas*
> *En ce jour où tu emmenas*
> *Cette dame à voix de sirène,*
> *Ta propre reine,*
> *Pour l'occire dans la forêt ?*
> *Oh, l'impardonnable forfait !*
> *Si dame Berthe*
> *Reconnaît qui ourdit sa perte,*
> *Sois sûr qu'elle te fera pendre,*
> *Sans plus attendre,*
> *Et tu l'auras bien mérité,*
> *Par ton méfait, en vérité !*

Accablé de honte, de remords et de peur, Morin tomba à genoux devant la dame et courba le chef, dérobant son visage au regard de Berthe, espérant qu'ainsi elle ne le reconnaîtrait point. Mais il était jà trop tard pour cela : en dépit de ses cheveux gris, de sa barbe épaisse, de ses rides et de son allure misérable, à l'instant même où la reine avait croisé le regard de Morin, elle avait entendu la bonne dame Gratitude lui chuchoter :

> *Reconnais-tu ce malheureux*
> *Que voici, confus et honteux,*
> *Tremblant de peur ?*
> *C'est lui, le sergent au grand cœur*
> *Qui dans la forêt t'a sauvée*
> *Du coup d'épée*
> *Que voulait te porter Tibert !*
> *Il a sans doute bien souffert*
> *De pauvreté.*
> *Récompense donc sa bonté,*
> *Comme tu le peux et le dois,*
> *Car dans le bois,*
> *Ce sergent t'a sauvé la vie*
> *Et, grâce à lui, tu t'es enfuie.*

Alors Berthe, à la stupéfaction générale et à la grande confusion de Morin, quitta son trône et descendit de l'estrade pour aller le relever, prenant les grandes pattes brunies et calleuses du pèlerin entre ses douces mains blanches.

« Redressez-vous, lui dit-elle avec douceur. Ne cachez pas votre visage : je vous dois tant ! Il n'est rien de quoi vous deviez avoir honte, mais bien au rebours : tous ceux qui m'aiment devraient vous tenir en grande estime et affection.

– Connaissez-vous donc ce pauvre hère, ma mie ? s'étonna Pépin.

– Par la foi que je dois à Notre Dame, déclara Berthe, il est bien juste que je le reconnaisse et que jamais je ne mette son visage en oubli, car je lui dois la vie ! C'est l'un des trois sergents auxquels vous m'aviez confiée pour qu'ils m'emportassent loin de votre cour, ceux-là même qui n'ont pas toléré que je fusse exécutée par le félon Tibert et qui, en me délivrant, m'ont permis de lui échapper. Ne le reconnaissez-vous pas ? »

Pépin détailla le pèlerin en écarquillant les yeux, hésitant.

« Est-ce bien toi, Morin ? demanda-t-il enfin. Par le corps saint Rémi, je ne t'aurais jamais reconnu ! Tu as tant changé !

– C'est pourtant bien moi, sire, répondit Morin d'une voix contrite, tenant toujours les yeux baissés. Je reviens de Terre sainte, et j'ai connu bien des peines en cours de route. Godefroy et Régnier, quant à eux, n'en reviendront jamais : ils sont morts tous les deux. En entrant à Paris, j'ai entendu dire que ma dame Berthe était vivante et retrouvée : il me fallait le voir pour le croire ! C'est un miracle du bon Dieu, pour sûr, et qu'Il en soit mille fois loué ! Mais je ne voulais pas me faire connaître de vous. J'ai abandonné ma reine dans la forêt, en proie aux bêtes : j'ai manqué si grièvement à mes devoirs envers elle que je sais bien que je mérite la corde.

– Tout au contraire ! se récria Berthe. Sans vous je serais morte, et il faudrait que je sois bien folle et bien ingrate, pour vous faire reproche d'avoir suivi les ordres du roi mon époux.

– La reine dit vrai, renchérit Pépin. Comment pourrais-je te blâmer d'un forfait que je t'ai ordonné ? En vérité, si quelqu'un mérite la corde en cette affaire, c'est plutôt moi, pour ma folle niceté ! En tout cas, ce n'est sûrement pas toi : je te sais gré de m'avoir désobéi plutôt que de commettre un meurtre ! Et qu'aurais-tu pu faire de plus pour mon épouse que ce que vous avez fait ? »

Berthe se tourna vers son mari en souriant et lui demanda :

« En nom Dieu, cher sire, accordez-moi une faveur : faites de Morin un chevalier, car il le mérite. Il a le cœur noble. Et pour l'amour de moi, faites-lui quelque don qui lui permette de tenir honorablement son rang dans l'ordre de chevalerie.

– Comment pourrais-je vous refuser cela ? Je serais un bien triste sire si je manquais à remercier comme il se doit le sauveur de ma femme ! »

Bouleversé, Morin se jeta aux pieds de la reine, mouillant sa robe de larmes et mêlant les remerciements aux bénédictions. On se souvient que l'honnête sergent, étant de bonne naissance malgré sa pauvreté, avait toujours désiré recevoir les éperons de chevalier : son vœu le plus cher s'accomplissait enfin. Pépin ne se borna pas à lui ceindre l'épée : il le prit également pour vassal, lui concédant un fief de bourse de deux cents marcs d'or par an. En souvenir de la bonne action qu'il avait accomplie dans la forêt du Mans, le roi lui concéda des armes d'argent au chêne de sinople, au chef d'azur chargé d'une fleur de lys d'or, qu'il porta toujours fièrement et que ses descendants portèrent après lui. Quant à Floire et Blanchefleur, ayant appris qu'il s'agissait de l'homme auquel leur fille devait la vie, ils ne voulurent pas être en reste et le comblèrent de somptueux présents. Ainsi le bon Morin reçut-il le prix de sa compassion : à cela, il appert bien que même en ce monde transitoire, la vertu est parfois récompensée.

Les souverains de Hongrie séjournèrent un mois en la cité de Paris. La compagnie de leur fille les réjouissait tant qu'ils n'avaient aucune envie de la quitter. Mais Floire savait qu'il ne pouvait rester trop longtemps loin de sa terre : les affaires du royaume requéraient sa présence. Lui et Blanchefleur furent donc bien obligés de prendre congé. La journée précédant leur départ donna lieu à un splendide banquet en leur honneur et à des échanges de cadeaux magnifiques. Pépin et Berthe ne se satisfirent pas de cela : ils poussèrent la courtoisie jusqu'à raccompagner leurs hôtes deux jours durant. Ce fut à Saint-Quentin qu'ils les quittèrent enfin, et les deux reines versèrent de tendres larmes, en s'embrassant sous les yeux émus, et peut-être point tout à fait secs, des deux rois.

Floire et Blanchefleur, qui avaient quitté leur pays inquiets, pleins d'espoir et de crainte, en revinrent cent fois plus joyeux : en dépit du chagrin qu'ils avaient de laisser leur fille, au moins étaient-ils grandement réconfortés de la savoir vivante et comblée de félicité. Les bonnes nouvelles qu'ils ramenaient remplirent de joie les chevaliers, clercs et bourgeois de la bonne ville de Bude, et le couple royal, pour remercier Dieu d'avoir permis à Berthe de surmonter ses épreuves, fit bâtir, dans un val solitaire qui n'avait été peuplé auparavant que de bêtes et d'oiseaux, une grande et belle abbaye, et y établit des moines qui, tout en chantant les louanges de l'Éternel, prièrent dévotement pour leurs bienfaiteurs et pour leur fille. Il faut croire que ces prières agréèrent grandement à Notre Seigneur, car en dépit de leur âge jà avancé, on rapporte qu'Il leur accorda bientôt la naissance d'une fille, d'une héritière pour le trône de Hongrie, qu'ils appelèrent Constance en remembrance de la tendresse qu'avait prodiguée à Berthe la bonne épouse de Simon le voyer.

Quant à Pépin et sa femme, ils retournèrent à Paris où ils vécurent désormais dans le plus parfait bonheur conjugal. Le roi, délivré de l'influence pernicieuse d'Aliste, abrogea tous les impôts écrasants et injustes dont le peuple avait été trop longtemps pressuré, au grand soulagement de tous ses sujets, dont la jeune reine sut se faire aimer par sa bonté, ses manières affables et ses largesses. Le règne inique de la serve fut vite oublié, et les Français se réjouirent bientôt de voir que les flancs de la souveraine s'arrondissaient, annonçant la prochaine venue au monde d'un enfant princier.

Toutefois, le moment est venu pour moi de reposer ma plume, car avec l'aide de Notre Seigneur, le récit que je voulais vous faire, celui des peines et des épreuves de la noble dame Berthe, est maintenant terminé.

De la naissance de l'illustre Charlemagne, des prodiges qui l'entourèrent et des prophéties que l'on en fit, des méchefs et des tribulations qui assombrirent sa jeunesse et des hauts faits dont il l'enlumina, il n'est point temps pour moi d'écrire : si le Haut Maître me prête vie, je vous conterai cela une autre fois. Que Notre Seigneur vous bénisse, vous qui avez eu la patience de me lire, et qu'Il ne m'oublie pas non plus, mais nous conduise tous au Salut !

Glossaire
des termes désuets ou médiévaux utilisés dans ce livre

A

Adorner : orner, décorer, embellir.

Amble : allure, considérée comme élégante, d'une monture qui se déplace en levant en même temps les deux pattes du même côté.

Argent : en langage héraldique, couleur blanche.

Assentir : accéder (à une requête), donner son assentiment.

Avoutre : bâtard.

Azur : en langage héraldique, couleur bleue.

B

Badelaire : coutelas, sabre, cimeterre.

Besson, bessonne : jumeau, jumelle.

Bienveigner : accueillir favorablement.

Brachet : chien de chasse, variété de braque.

Branc : lame d'épée, épée.

Brocher : piquer, éperonner.

C

Carole : danse en rond, ronde.

Cendal : étoffe de soie ou de demi-soie comparable au taffetas.

Chainse : chemise, ordinairement de lin ou de chanvre.

Chef : tête (entre autres sens, cf. « couvre-chef »). En langage héraldique, le chef est également une pièce délimitée par un trait horizontal et qui occupe la partie supérieure de l'écu.

Corps : dans l'expression « corps saint... », désigne les reliques d'un saint.

Coulpe : péché, faute.

Cuider (nom masculin) : pensée, sentiment (**selon le mien cuider :** à mon avis).

Cuider (verbe) : penser, croire, s'imaginer.

Culvert : serf, homme de basse condition et, par extension, terme d'injure. Le mot vient du latin populaire *collibertum*, « affranchi ».

D

Déconseillé : sans soutien, sans appui.

Déduit : divertissement, plaisir.

Dessevrée : séparation.

Dessevrer : séparer.

Duit, duite : savant, rompu (à un art, à un métier).

E

Emparlé : disert, bavard.

Empyrée (ciel) : le dixième et le plus élevé des cieux, où réside Dieu.

Encourtiner : couvrir de tentures.

Enfances (au pluriel) : jeunesse et exploits de jeunesse d'un héros.

Engeigner : tromper, duper.

Entouller : envelopper.

Esbanoyer (s') : s'ébattre, se divertir.

F

Fantômerie : fantasmagorie, sorcellerie, magie.

Fauchon : type de sabre usité durant le Moyen Âge.

Faudesteuil : siège d'apparat ou trône.

Fief de bourse : fief ne consistant pas en une terre, mais en une somme concédée par le suzerain au vassal.

Foi : serment de fidélité (un vassal prête foi et hommage à son suzerain).

Fourrier : fourrageur, homme d'armes pourvoyant à l'approvisionnement d'une armée.

G

Gambison : justaucorps rembourré porté sous le haubert afin d'amortir les coups.

Goulouser : convoiter.

Grief, griève : pénible, douloureux.

Guerredon : récompense, don offert en retour d'un don reçu.

Guerredonner : récompenser, offrir un don en retour.

Gueules : en langage héraldique, couleur rouge.

H

Hoir : héritier (cf. l'anglais *heir*, qui en est issu).

Hommage : acte par lequel le vassal se déclare l'homme de son seigneur.

Hucher : appeler à haute voix.

I

Inellement : rapidement.

J

Jà : adverbe de temps qui possède, entre autres, le sens de « déjà ». On le trouve encore en ce sens dans le Littré, bien qu'il y soit considéré comme vieilli.

L

Lai : poème narratif que l'on chantait en s'accompagnant d'un instrument de musique. Ces poèmes traitaient généralement d'aventures amoureuses empreintes de merveilleux et prenant place dans un cadre breton.

Laudes (pluriel) : une des heures canoniales, 3 heures du matin.

M

Mal, male (adjectif) : mauvais, méchant.

Martin (chanter d'autre) : parler autrement.

Méchéance : malheur, infortune, malchance.

Méchef : malheur, accident, tribulation.

Mesnie : famille, suite, maisonnée.

Mie (particule de négation) : pas, point.

Mignot, mignotte : joli, gracieux.

Mire : médecin.

Musard : sot, niais, irréfléchi, étourdi.

N

Nice : naïf, simple.

Niceté : naïveté, niaiserie.

Noël : peut bien sûr désigner la nativité du Christ, mais est également un cri de réjouissance que poussait le peuple pour saluer un événement heureux tel que la naissance d'un héritier du trône ou l'arrivée d'un grand personnage.

O

Or : en langage héraldique, couleur jaune.

P

Pagerie : condition du page, jeune garçon noble placé auprès d'un seigneur pour assurer son éducation (on parle de **mise en pagerie**).

Paile : riche drap d'or ou de soie, tenture, tapisserie.

Paille (faire barbe de) : tromper.

Pastourelle : chanson narrant la rencontre d'un chevalier et d'une bergère (d'une « pastoure »).

Pautonnier : vaurien, scélérat (terme d'injure).

Pavillon : tente de forme conique.

Pennon : petit drapeau triangulaire généralement armorié que l'on fixe à l'extrémité de la lance d'un chevalier.

Perdurable : éternel.

Piéça : depuis longtemps.

Prédicament : situation (cf. l'anglais *predicament*, venu du français).

Prudhomme : homme de valeur, homme de bien, homme sage.

R

Rebours : contraire.

Relenquir : quitter, renoncer à.

Remembrance : souvenir, mémoire.

Remembrer (se) : se rappeler, se souvenir de (cf. l'anglais *to remember*, qui en est issu).

Retraire : retirer, enlever, éloigner.

Roussin : cheval de somme ou de trait, de peu de valeur et indigne d'être monté par un chevalier.

S

Samit : étoffe de soie sergée, plus riche que le cendal, provenant de Syrie et d'Asie Mineure.

Senestre : gauche.

Sergent : homme d'armes d'un rang inférieur à celui du chevalier.

Sinople : en langage héraldique, couleur verte.

Soudée : gage, salaire, solde.

Souef, souève : doux.

Soulas : consolation, plaisir, joie.

Souloir : avoir coutume de.

T

Taille : impôt touchant les roturiers.

Tonlieu : droit payé par les marchands pour pouvoir étaler dans les marchés.

Tref : tente.

V

Vergogne : honte.
Vite (employé comme adjectif) : vif, rapide.
Voyer : officier préposé à la police des chemins.

Bibliographie

Les sources de la légende

ADENET LE ROI, *Berte as grans piés*, édition d'Albert Henry, Genève, Droz, 1982.

> Cette chanson de geste est la source principale de mon récit, et celle qui présente la plus haute valeur littéraire. Très différente de nos plus anciennes épopées, féodales et guerrières, l'œuvre d'Adenet est un poème raffiné, représentatif de la littérature qui s'élabore dans les cours brillantes de la fin du XIIIe siècle.

Berta da li pe grant, dans *La Geste Francor. Edition of the Chansons de geste of MS. Marc. Fr. XIII (= 256)*, édition de Leslie Zarker Morgan, Tempe, Arizona Center for Medieval and Renaissance Studies, 2009.

> Cette chanson de geste franco-italienne appartient à une imposante compilation de poèmes épiques.

DA BARBERINO, Andrea, *Romanzi dei reali di Francia*, édition d'Adelaide Mattaini, Milan, Rizzoli, 1957.

> Mise en prose italienne qui incorpore l'histoire de Berthe à un vaste ensemble de récits relatifs aux rois de France.

Histoire de la reine Berthe et du roy Pepin. Mise en prose d'une chanson de geste, édition de Piotr Tylus, Genève, Droz, 2001.

> Version en prose de la légende, parfois plus détaillée que celle d'Adenet.

Mouskes, Philippe, *Chronique rimée*, édition du baron de Reiffenberg, Bruxelles, Hayez, 1838.

Cette œuvre colossale, malgré ses prétentions historiques, puise abondamment dans les légendes épiques. Elle rapporte l'histoire de Berthe et consacre de longs développements, pleins d'épisodes fabuleux, au règne de Charlemagne.

Poésie du Moyen Âge

Chansons des trouvères, collectif, Paris, Le Livre de Poche, coll. « Lettres gothiques », 1995.

Anthologie bilingue de poèmes de langue d'oïl.

Pauphilet, Albert, *Poètes et romanciers du Moyen Âge*, Paris, Gallimard, coll. « Bibliothèque de la Pléiade », 1952.

Anthologie contenant poèmes, romans et chansons de geste. La plupart des œuvres n'y sont pas traduites.

Les Troubadours. L'œuvre épique et l'œuvre poétique, édition de René Lavaud et René Nelli , Paris, Desclée de Brouwer, 2000.

Anthologie bilingue de textes de langue d'oc, contenant des poèmes et des œuvres narratives.

Études sur les chansons de geste et le cycle de Charlemagne

Bédier, Joseph, *Les Légendes épiques. Recherches sur la formation des chansons de geste*, Paris, Honoré Champion, 1926-1929.

Ouvrage qui a renouvelé l'étude des origines des chansons de geste, en soulignant leurs liens avec les chemins de pèlerinage.

Durand-Le Guern, Isabelle et Ribémont, Bernard, *Charlemagne, empereur et mythe d'Occident*, Paris, Klincksieck, 2009.

Étude portant sur la figure de Charlemagne dans l'imaginaire.

Gautier, Léon, *Les Épopées françaises. Étude sur les origines et l'histoire de la littérature nationale*, Paris, Victor Palmé, 1878-1892.

Une œuvre qui a vieilli, mais dont le grand mérite est d'offrir une présentation d'ensemble, sous forme de récits, du cycle de Charlemagne.

Issartel, Guillaume, *La Geste de l'ours. L'épopée romane dans son contexte mythologique, XIIᵉ-XIVᵉ siècle*, Paris, Honoré Champion, 2010.

Cette thèse passionnante applique les méthodes de la mythologie comparée à l'étude des chansons de geste.

Morissey, Robert, *L'Empereur à la barbe fleurie. Charlemagne dans la mythologie et l'histoire de France*, Paris, Gallimard, 1997.

Une étude portant sur la dimension mythique et idéologique de la figure de Charlemagne.

Paris, Gaston, *Histoire poétique de Charlemagne*, Paris, A. Franck, 1865.

Cette somme colossale, mais accessible et attrayante, présente la légende de Charlemagne en s'appuyant sur une vaste documentation.

Rychner, Jean, *La Chanson de geste. Essai sur l'art épique des jongleurs*, Genève, Droz, 1999.

L'ouvrage indispensable pour comprendre l'esthétique formelle, très travaillée, des chansons de geste.

Suard, François, *Guide de la chanson de geste et de sa postérité littéraire, XIᵉ-XVᵉ siècle*, Paris, Honoré Champion, 2011.

Vaste guide de notre littérature épique, par l'un des plus grands spécialistes contemporains du genre.

Table des matières

Ce volume,
publié aux Éditions Les Belles Lettres,
a été achevé d'imprimer
en septembre 2014
sur les presses
de l'imprimerie SEPEC
01960 Péronnas

Dépôt légal : octobre 2014
N° d'édition : 7920 - N° d'impression : 05425140910
Imprimé en France